DVD 内容と使い方

付属のDVDには音声付きの動画が収録されています。この本で紹介されたご本人が登場し、つくり方、使い方などについてわかりやすく実演・解説していますので、ぜひともご覧ください。

DVDの内容　全 59 分

パート1

ラクラク・安全
よく燃える薪づくり
新潟県 舘脇信王丸さん
19 分
［関連記事 6 ページ］

パート2

少ない薪で強い火力！
ロケットコンロのつくり方
神奈川県 佐藤敬之さん
9 分
［関連記事 18 ページ］

パート3

部屋中ぽかぽか
ロケットストーブのつくり方
千葉県 神澤則生さん
17 分
［関連記事 25 ページ］

パート4

モミガラで絶品ご飯！
オイル缶ヌカ釜のつくり方
長野県 臼井健二さん
14 分
［関連記事 46 ページ］

DVDの再生　付属の DVD をプレーヤーにセットするとメニュー画面が表示されます。

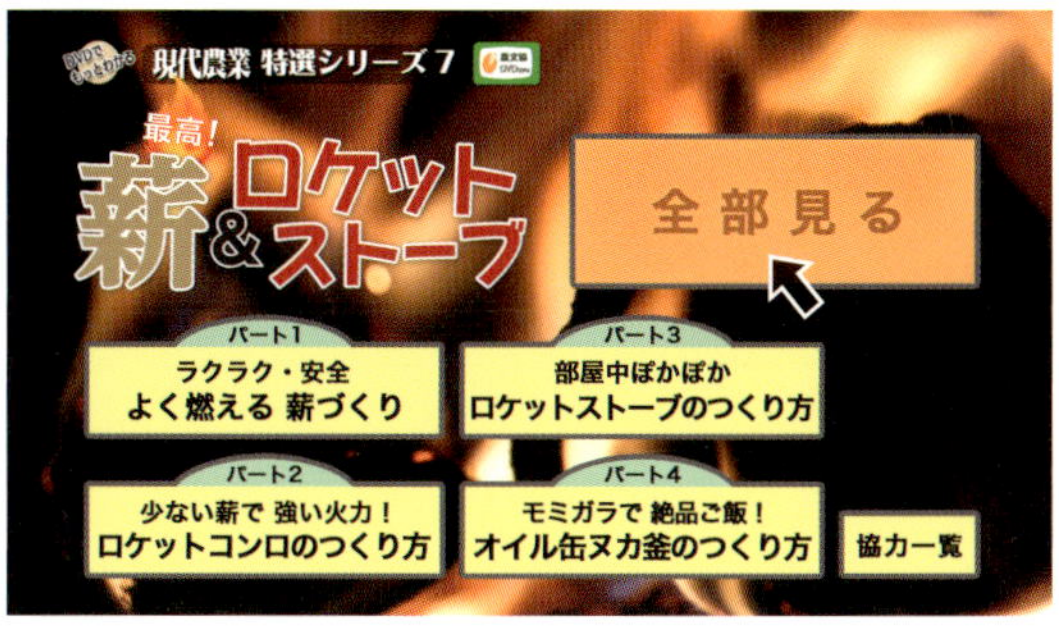

「全部見る」を選択。ボタンがオレンジ色に

全部見る

「全部見る」を選ぶと、DVD に収録された動画（パート１～４ 全59分）が最初から最後まで連続して再生されます。

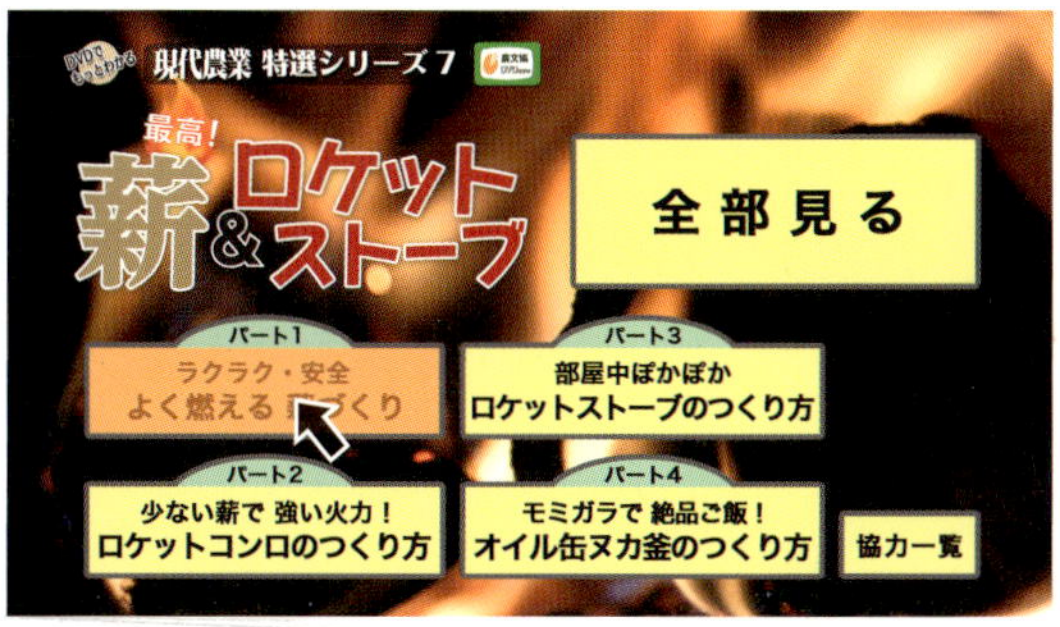

パートを選択して再生

パート１から４のボタンを選ぶと、そのパートのみが再生されます。

4：3 の画面の場合

※この DVD の映像はワイド画面（16：9 の横長）で収録されています。ワイド画面ではないテレビ（4：3 のブラウン管など）で再生する場合は、画面の上下が黒帯になります（レターボックス＝LB）。自動的に LB にならない場合は、プレーヤーかテレビの画面切り替え操作を行なってください（詳細は機器の取扱説明書を参照ください）。
※パソコンで自動的にワイド画面にならない場合は、再生ソフトの「アスペクト比」で「16：9」を選択するなどの操作で切り替えができます（詳細はソフトのヘルプ等を参照ください）。

）に関する問い合わせ窓口　農文協 DVD 係：03-3585-1146

目次

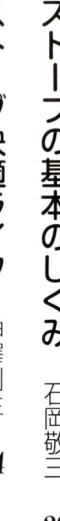

モミガラだって燃料だ　ヌカ釜

重油高騰　ハウスも薪暖房で

薪で山が元気になる

DVDでもっとわかる
現代農業 特選シリーズ 7
最高！ 薪＆ロケットストーブ

薪のある暮らし

月田禮次郎

私の家では昔からずっと薪を使い続けています。居間の暖房では薪以外は使ったことはありません。

薪つくりは年中行事の一つで、根雪が融けたら、二～三月に切り出してあった木を割って積み上げます。一九九〇年に家を新築し、国道に面した西側の軒下が風通しも日当たりもよく、絶好の薪積み場となりました。

薪積みアート

何年か家の軒下に積んでいるうち、ただ積むだけでは面白くない、軒下をキャンバス代わりに使ってやろうと思い立ちました。

この薪積みアートは、並べるのとは違って積み上げるので、全体像が頭に入ってないとできません。何回も直しながら積むのです。初めは誰にも気づかれずにいましたが、毎年積んでいるうちにだんだん知れ渡るようになりました。

二〇一三年の作品は、全員をトトロのネコバスに乗せることにしました。戦後の農政の狭間で翻弄されつつも夢を持ち続け、血のにじむような努力を重ねてきた父と、家事に追われ時間がとれないのに何よりも山の農園に行くのが楽しみだった母。この二人をネコバスのふかふかな座席に座らせて農園に連れていきたい。二人に見てもらいたいこと、報告したいことがいっぱいあるのです。バスの行き先は「農園」です。

メープルシロップ作り

旧正月の頃は私の地域では雪がいちばん降り積も

メープルシロップを煮詰める鍋を載せたわが家の薪ストーブ。冬だと写真の量の薪を1日で半分は使う

る時期ですが、天気の具合を見て農園に行き、イタヤカエデの樹液採りをします。このメープルシロップを煮詰めるときにも薪ストーブが活躍します。

日本のイタヤカエデはシロップの本場のサトウカエデと違って糖度が低いので、煮詰めるとわずかしかできません。三〇ℓの樹液で一〇〇ccまでできなかったように記憶しています。

トトロ窯

薪を使ったもう一つの楽しみはトトロ窯（石窯）です。

焼くときに立ち姿で作業できたほうがラクなので、窯の位置が高くなるように、トトロの形にすることにしました。

トトロ窯はいろんなときに活躍し、とても重宝しています。何よりも薪を使って調理できるのが魅力で楽しいのです。今まで地元小学校の総合学習や中学高校の職場体験、農作業時のおやつなどで、いろんなものを焼きました。パン、ピザ、地鶏の丸焼き、トウモロコシ、サツマイモ、ジャガイモ、クリ、カボチャ、蜂の子、カミキリムシの幼虫も…。

トトロ窯はあらかじめ火を焚いて窯の温度が十分上がったところで食材を入れ、窯の余熱で焼きます。だんだん温度が下がるため連続で焼くには難があります。そこで今度は、加熱しながら連続で焼ける方式の窯を計画しています。

（福島県南会津郡南会津町）

＊二〇一一年十二月号「薪積みでアート、薪ストーブでメープルシロップ作り」他

◀製作途中のトトロ窯（石窯）。このあと、もっとお腹をふっくらさせて耳とヒゲをつけた。口のところから薪や食材を出し入れする

▼軒下に作った薪積みアート。家族4人の顔と亡くなった父と母をイメージした花、「となりのトトロ」のネコバスを描くようにして積み上げた（田中康弘撮影）

薪を割る、薪を売る

舘脇さんに教わる

薪の割り方・乾燥法

DVDでもっとわかる

新潟県三条市・舘脇信王丸さん

人里離れた山中で暮らしていくには…？

舘脇さんを取材すべく、事前に電話したときのこと。

「車でご自宅に伺おうと思うのですが、目印などは…」

「いやいや、うちは普通の車じゃ来れませんから。近くの集会所まで迎えにいきますよ」

…普通の車じゃ無理？　どういうこと!?

事態をよくのみ込めないままに、ともかく現地に向かう。迎えの軽トラに乗り換えるとそのままズンズンと山の中に進み、人家が途切れたあたりまできた。「この先です」と案内されたのは、旧式の軽トラがギリギリ入れるかどうかの真っ暗なトンネル。横には「危険　立入禁止」の看板まで。たしかに、初めて来たら、この先へ進もうとはまず思わない

舘脇信王丸さん

舘脇家へと続くトンネル

だろう。

トンネルを抜け、さらに未舗装の山道をグイグイ上った先に、ようやく一軒だけポツリと現れるのが舘脇家。周囲は田畑もないような山また山。一〇年前、都会でのサラリーマン生活を辞めて実家にUターンした舘脇さんが、この山中で暮らしていく術をあれこれ探し求めた結果、たどりついたのが薪販売だったという。

どんな木でも、薪にすれば手っ取り早くお金にできる

舘脇家では、一六haのスギ林を所有している。Uターン当初は舘脇さん、状態のいい間伐材を切り出し、木材として森林組合に売ってみたりもしたそうだ。

しかし、大変な思いをしてトラックで運び出しても価格は一㎥で七〇〇〇〜八〇〇〇円。おまけに木材価格は下がりっぱなし。「正直言って先が見えない」生活だった。

そんな頃、自宅のストーブで燃やす薪をつくっていたら、知り合いから「薪を売ってくれないか」と声がかかった。子供の頃から薪割りが日常だった舘脇さん、「え？薪って買うの!?」とビックリ。「値段も適当にエイヤッとつけたんですけど、喜んでくれて。あぁそうか、薪って売れるんだと。そこから始まったんです」

木材で売るのと違い、薪なら木の状態を選ばない。細い木、曲がった木、雪で折れてしまった木などなど、木材としてはとうてい売れないような木でも、薪にすれば売れる。好きなときに好きな長さに切って運べるから、作業もラク。何より、先の暗い木材相場にやきもきしながら何年も山の手入れをするのは気が滅入るが、薪なら切って半年も乾かせばお金にできるので、気分的にぜんぜん違う。

「やった仕事とそれに対する見返りがダイレクトに返ってくるからモチベーションも上がりますし、来年こうしよう、三年後にはああしようっていうような未来が描けるんですよね」

価格は、スギの薪で軽トラ一台（約一㎥）一万四〇〇〇円とかなり良心的だが、木材で売るよりも、断然お金になるのも事実だ。販売を始めた当初はインターネットで「薪屋ドットコム」というホームページをつくって広く販路を開拓していたが、現在は、新潟県内で毎年注文してくれるお得意さんだけで販売も安定。お茶飲みがてら配達して回るのが楽しみにもなっている。

そんな舘脇さんに、薪割りと乾燥のコツを教えてもらった（次ページ〜）。編

薪割りのコツ

山から切り出す

40cmで
切り揃えると
運びやすいですよ

折れたり曲がったりしたスギを、その場で薪の長さ40cmに玉切り。軽く持ち上げられ、軽トラでラクラク搬出できる

薪の長さ40cmは、普通の薪ストーブの燃焼室にちょうどいいサイズ。細めで軽い木は80cm、さらに細いなら120cmと40cmの倍数で切っておくと、あとで切り揃えるのにラク

切り口の根元方向に印をつけておく。昔から薪割りは「木元竹末《きもとたけうら》」（木は根元から、竹は先端から割る）といわれ、印した元の面を上にして置いたほうが割りやすい

1日やったって
疲れない方法、
教えます

重けりゃいいって
もんじゃないのよ

斧選び

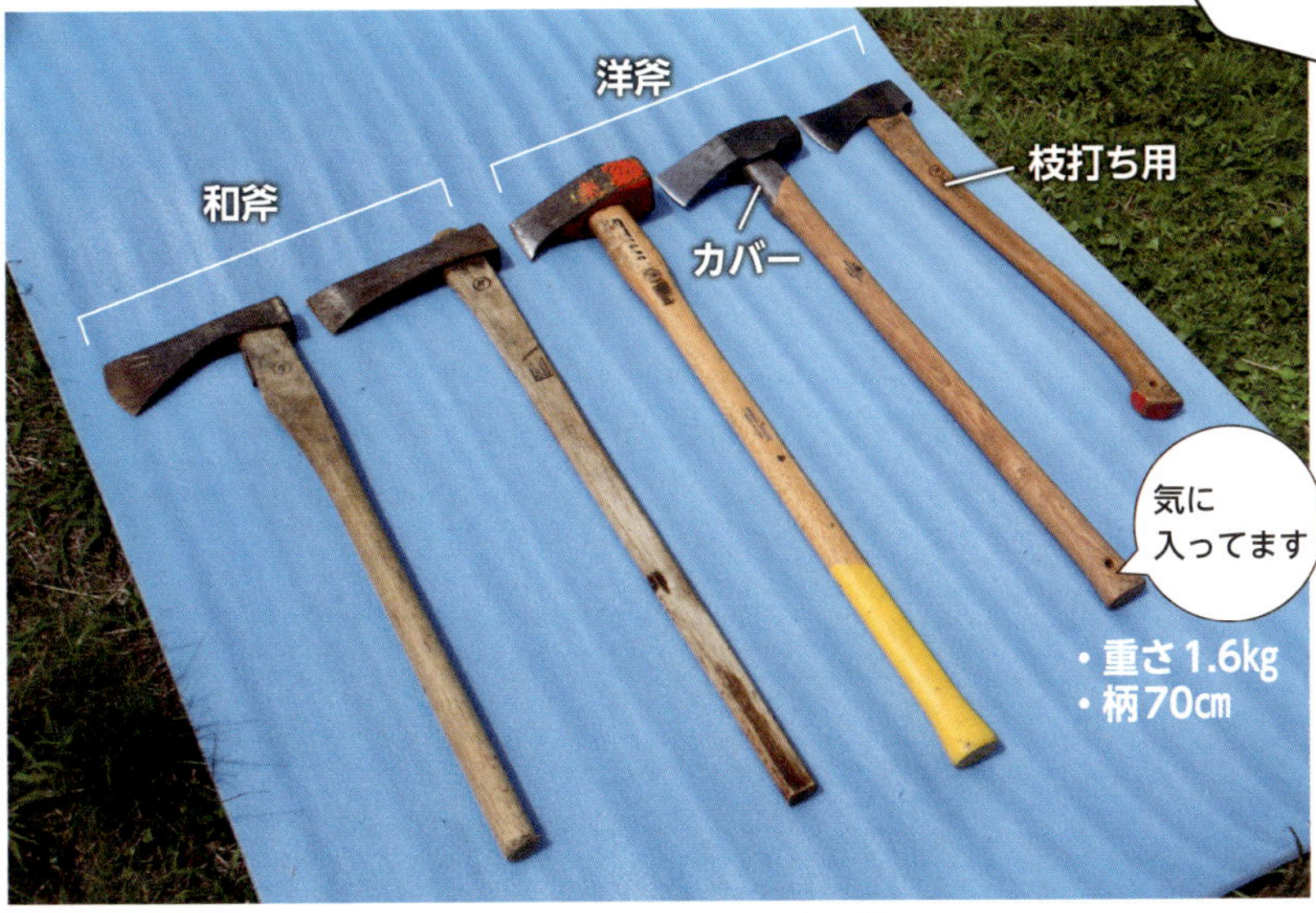

刃幅が厚く、重くて柄が長い斧ほど遠心力がついて太い薪が割れるが、体力もいる。割る薪の大きさ、体力と相談して扱いやすいものを選ぶ。一番気に入っているのは、北欧製の斧。刃と柄の接続部が金属でカバーされ、傷みにくいのも長所

北欧製の斧は、クサビが入って刃と柄がガッチリ固定されているのでグラつきにくい。和斧はクサビが入っていないので、刃のグラつきは自分でクサビを入れて調整する

高めのも低めのも、
あったほうが
いいですね

台選び

薪に斧を置いたとき、柄は刃のほうが水平よりやや高くなる。これが適正な台の高さ

舘脇さんの薪割り台。身長170cmの舘脇さんには高さ35cmくらいの台が適正。ただし、太い薪は低い台のほうが腰を落として体重を乗せられるので割りやすい

高さが適正なら、薪が割れたときに刃が台に刺さる。振り抜けて足に刺さることがなく安全

割り方 V

両足を広げ、右手は添えるだけね

両足を肩幅よりやや広めにして立ち、斧をまっすぐ頭上に振りかぶる。このとき左手はしっかり持つが、右手（利き手）は刃の側に添えるように軽く握る

両足を開いていれば、刃が股の間をすり抜けるので安全

DVDでもっとわかる

刃を薪の上に落とすような感覚でまっすぐ振り下ろす。力は振り出す瞬間、左手にクッと入れるだけ。力でなく、刃の重みと遠心力を使う。添えただけの右手は自然と下がって薪に当たる瞬間に左手とくっつく
（この辺りは、DVDをご覧になると、よくわかります）

割れたら刃は台に刺さる

太い薪を割る場合

薪が太いときは、斧を当てるときに腰を落として体重を乗せる。腕に余計な力は込めない

枝分かれした木の場合

節の繊維の方向に逆らわないので
割りやすい

枝分かれした木を割る場合は、分かれ目に対して垂直方向に刃を入れる

太くて硬い木の場合

斧でなかなか割れない太くて硬い広葉樹なども、クサビを２本
打ち込めば簡単に割れる

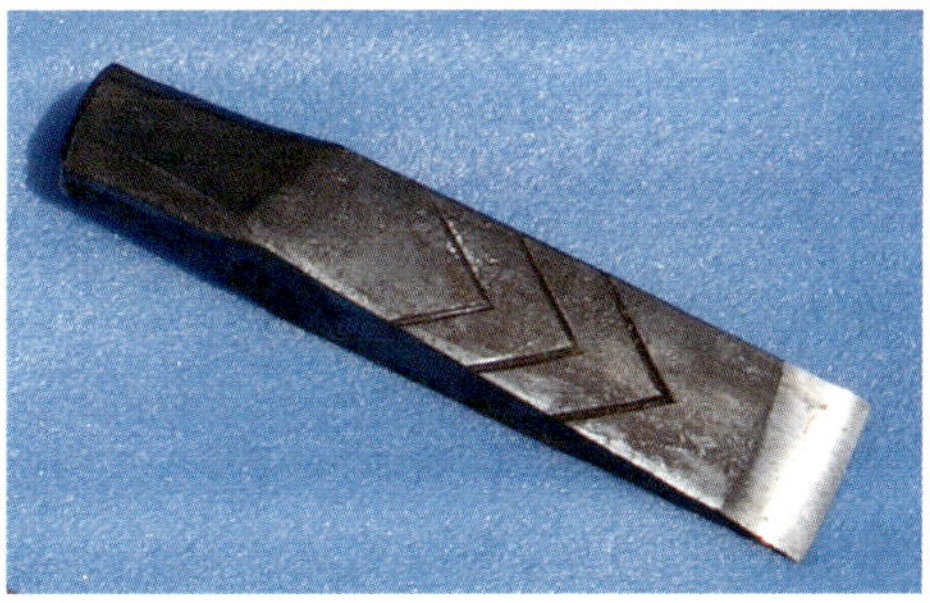

クサビ。先端が刃になっているので、
簡単に刺さる

乾燥のコツ

乾燥にもっとも大事な条件は風通し。山の中の自宅近くではなく、田んぼに囲まれた場所を薪づくりの作業場にしているのも、すべては乾燥のため

角材を組み、地面から15cmほど離して薪を積む。地面につけてしまうと、薪の下を風が通らないのでいつまで経っても乾かない。積むのも２列まで。３列にすると風が吹きぬけられず、乾燥が遅れる

薪は乾燥が命！

雨除けシートは上だけにかける。横は多少濡れても、風通しをよくしておいたほうが早く乾く。上に水が溜まらないよう、斜めに積むといい。このまま針葉樹なら半年、広葉樹なら２～３年は乾燥させて含水率20％以下にする。よく乾燥した薪ほどよく燃え、ススも出にくい

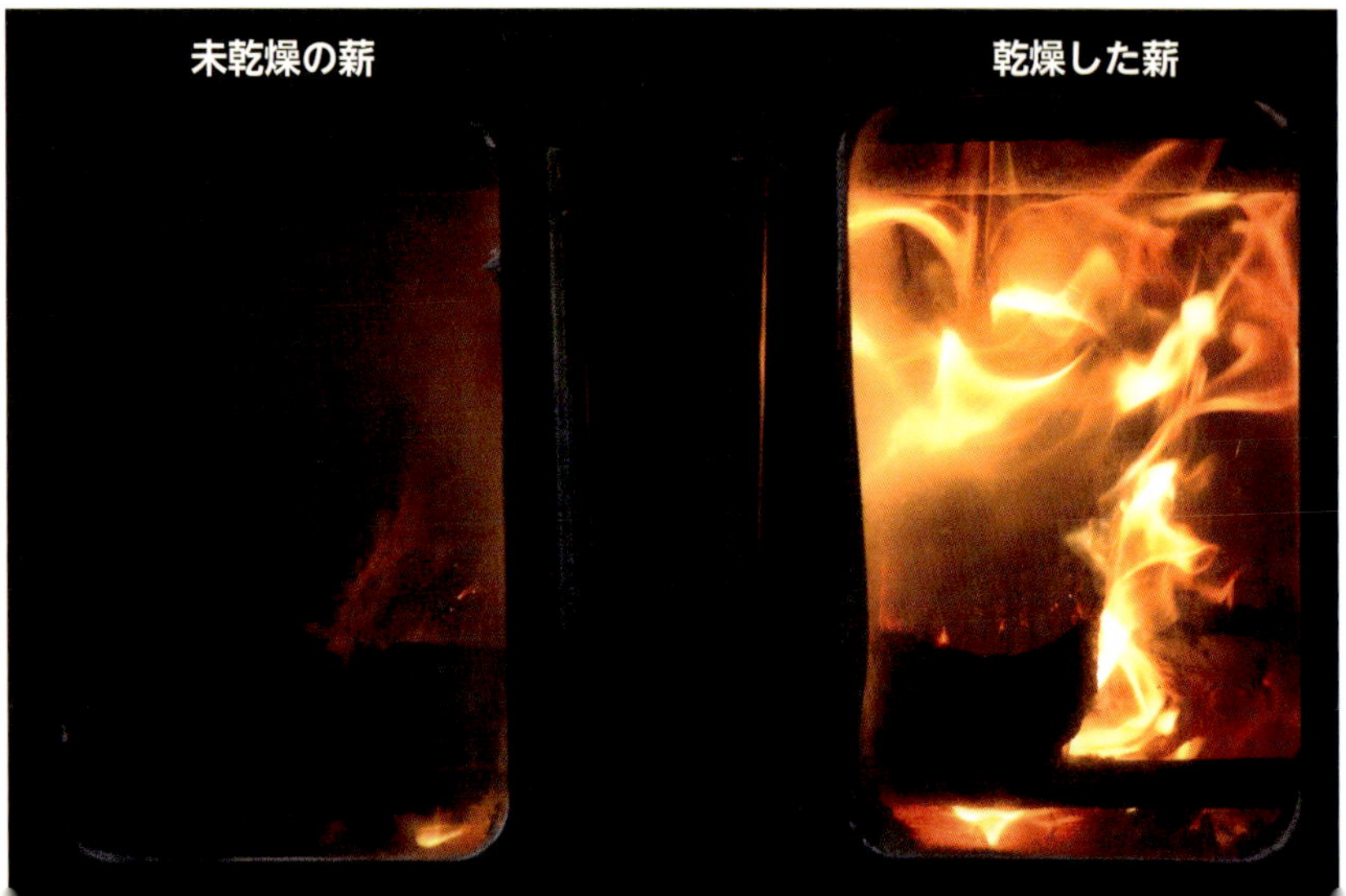

試しに、よく乾燥した薪、未乾燥の薪を同時に薪ストーブに入れてみると…乾燥した薪にはあっという間に火がついたのに、未乾燥の薪には火がつかない。火がついても、空気を絞るとたちまち消えてしまうため、火力調整もしにくい

薪は広葉樹がいい？ 針葉樹がいい？

針葉樹の薪

（スギ・ヒノキ・カラマツなど）

油分が多く、木の密度が低くて軟らかい。火持ちはイマイチだが、着火が早く高温で燃える。焚きつけや、急いで暖まりたいときにはとても便利。ただし、不完全燃焼させるとストーブにススやタールがつきやすい。繊維がまっすぐなので薪割りもラクで、乾燥もしやすい。

広葉樹の薪

（コナラ・カシ・ヤマザクラなど）

木の密度が高いので硬い。ゆっくり燃えて火持ちがいいのでファンが多い。寝る前など、長時間じっくり燃やしておきたいときに使うと便利。ただし、硬いため薪割りはたいへんで、乾燥には時間がかかる。

C材は薪にすれば高く売れる

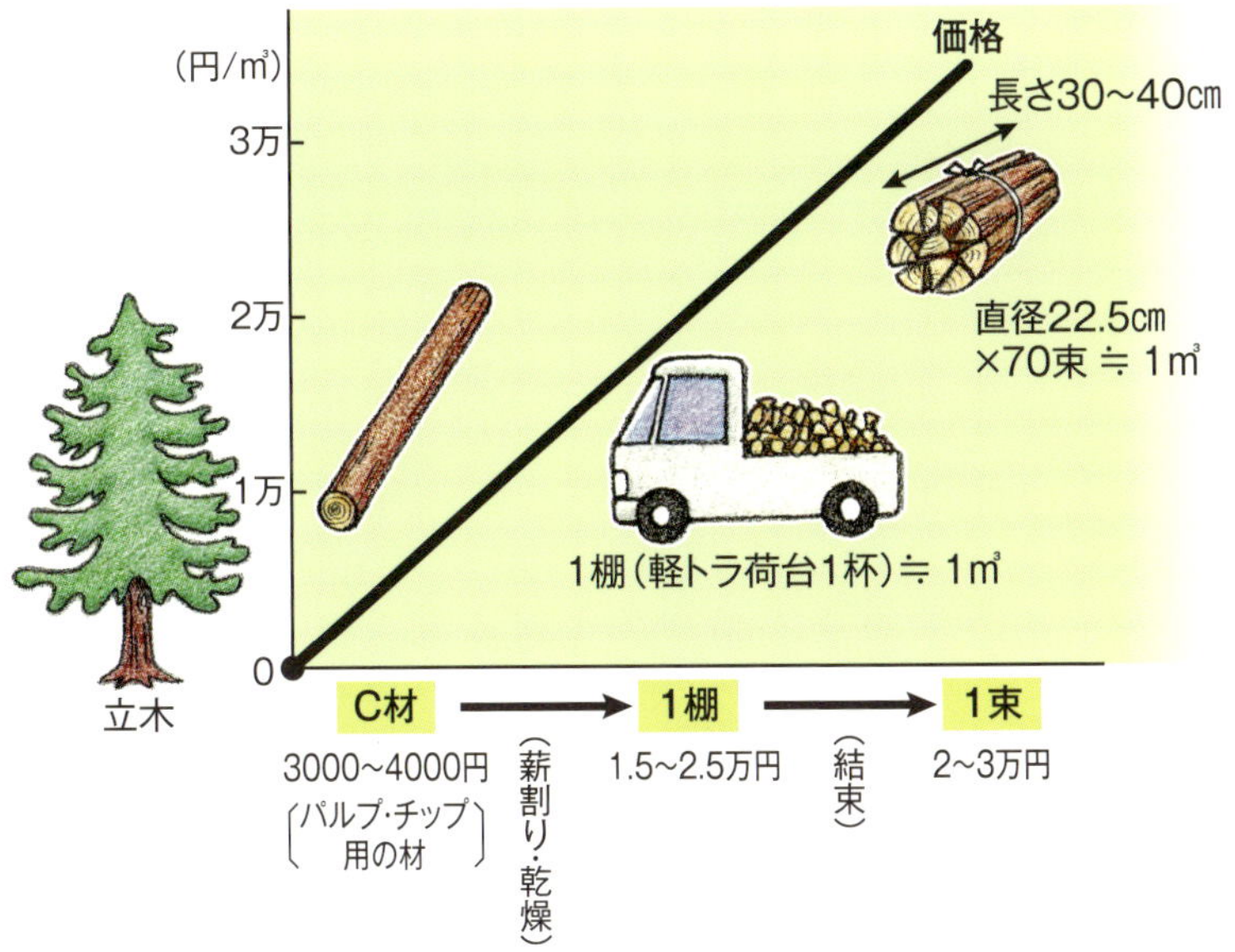

薪販売は、薪割り・乾燥の手間はかかるものの、すぐにお金になるので山林経営的にもメリットが大きい（価格はあくまでも目安。樹種や品質、地域によって差もある）

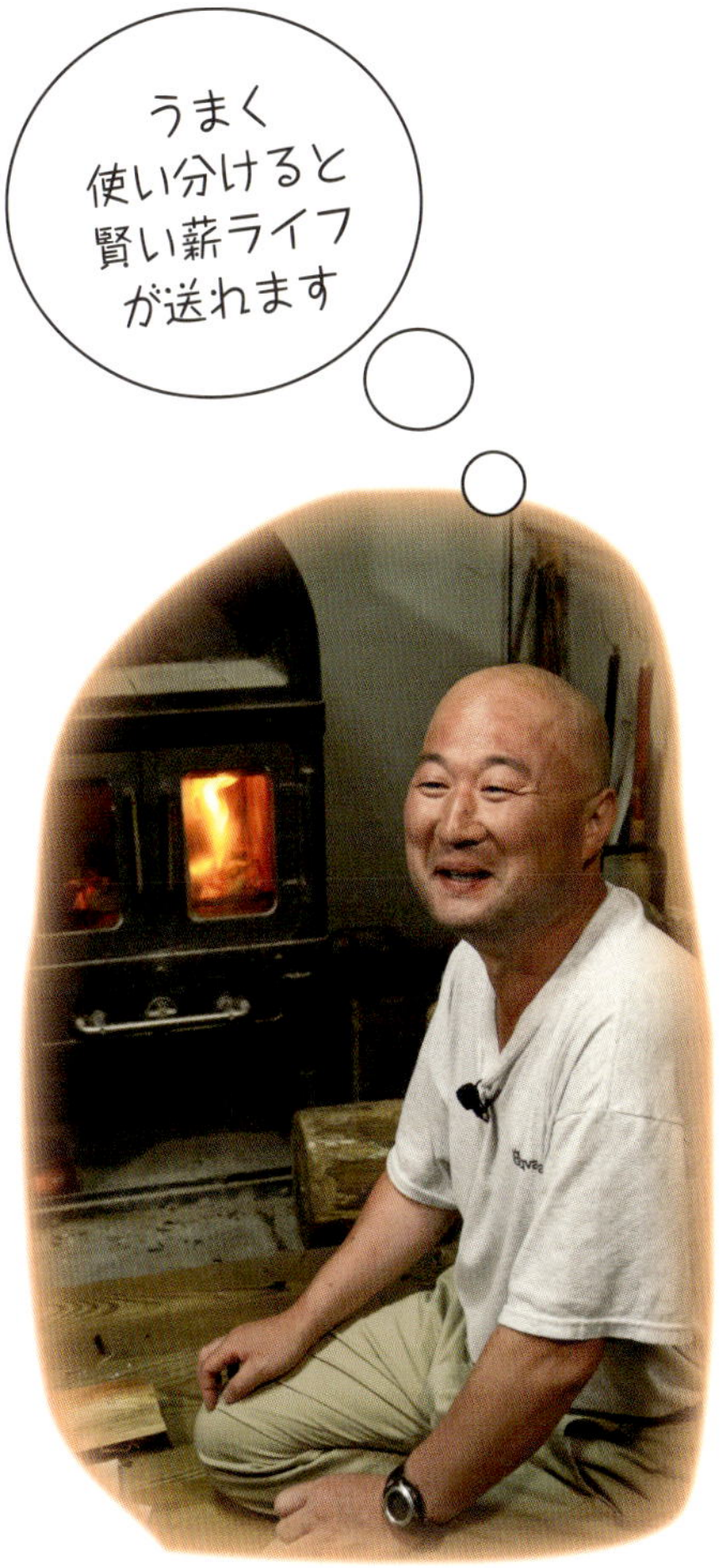

薪を積み上げた「万里の長城」。これで4000束分の薪。薪の向こうは花豆畑

藤原升男さん

薪販売が

薪の定期宅配で、目指せ２万束

長野県塩尻市・藤原升男さん

まるで万里の長城!? 高さ一m以上、長さ一四〇m以上、畑の隅にビッシリ積まれた薪の壁。塩尻市の藤原升男さんは、これをひと冬で売り切ってしまうのだという。

定年後、薪ストーブ会社の薪をお客さんに配り歩くアルバイトをしていた藤原さん、町中あちこちで薪ストーブが使われている事実に驚愕。「これはビジネスチャンスかも」と自ら薪販売を始めた。

販売は、元バイト先の方式を踏襲して定期宅配。週に一度は必ず訪ねて、使った分だけをその家の薪棚に補充していく。お客さんにしてみれば「灯油配達みたいなもの」だが、藤原さんにとっては安定固定客。薪販売のビジネスモデルとして注目される方法だ。現在は一万束を販売。体力の限界ギリギリ、二万束の販売を目指している。

薪の原料は、森林組合勤めの息子さんから確保。「二流三流」の曲がり材を融通してもらう。現状はマツが二割、ナラ八割の販売だが、地元の山にはマツが多い。山に元気を取り戻すためにも、「すぐに暖まりたいときはマツ」「煙突詰まりは、マツの薪のせいではなくて半乾きのせいだから」と説明。地元のマツを売ることに力を注いでいる。編

＊二〇一一年十二月号「世の中は薪ブーム」

国道沿いに薪の直売所

夏はキャンプ用、冬はストーブ用

山梨県道志村・きこり

「きこり」を経営する山口公徳さん育恵さん親子。薪はスギ１束250円、広葉樹１束300円。キャンプ場よりもちょっと安いのでよく売れる（T）

薪の直売所「きこり」

（山梨県南都留郡道志村下中山9600 TEL0554-56-7537）

「うちの父ちゃん、年間三〇〇日は薪をつくってるかな。大型連休は一日に一二〇束は売れちゃう」と、山口育恵さん。父の公徳さんと薪の直売所「きこり」を始めて四年になる。

道志村はキャンプ場のメッカとしても知られ、国道四一三号沿いの民家の軒先には、「キャンプ用薪」の看板と薪の束が並ぶ。なかでも「きこり」は若者たちに大人気の店だ。

薪づくり担当の公徳さんは、五〇年間山仕事

ブーム！

一本でやってきた人。薪販売専門に替えたのは六〇歳を過ぎたころ。原木が安くなったのもあるが、原木の搬出作業中に架線が切れて大ケガし、育恵さんに懇願されたことも大きい。薪づくりなら危険も少なく生涯現役の仕事にできる。

冬は、近隣の別荘地へストーブ用薪の宅配もする。軽トラ一台分のナラは一万五〇〇〇円とお買い得だ。編

＊『季刊 地域』12号（二〇一三年冬号）「薪販売に燃える」

伊藤高男さん（右端）と早池峰薪エネルギー生産組合（岩手県花巻市大迫町内川目）の面々。薪の規格は東京に多い小型ストーブに合わせて長さ30㎝、腕の太さ程度に統一。含水率15％程度に管理する。薪用の箱は重さ約30kg、販売価格は2500円（送料別）
（高木あつ子撮影、Tも）

東京に薪を産直

岩手県花巻市大迫町・
早池峰薪エネルギー生産組合

大迫町の伊藤高男さんは一三年前、東京の薪ストーブ会社・ファイヤーワールドから薪ストーブを購入した。このとき知り合った社長の富井忠則さんに「東京の薪ストーブユーザーはよい薪がないから、せっかくのストーブの性能が十分発揮できない。しっかり乾燥した岩手のナラの薪を出してくれないか」と頼まれた。

大迫町にはコナラ山がたくさんあり、原木シイタケ生産が盛んだが、中国産などに押されて市況が悪化していた。そこで原木シイタケ生産者に呼びかけ、二〇〇八年十二月「早池峰薪エネルギー生産組合」を結成した。

毎年十一月からファイヤーワールドの注文を受け、ユーザーに宅配便で直送するが、二年連続注文は三〇〇〇箱超えで安定。シイタケにかわる副業として、すっかり定着してきた。編

密かな人気商品「きこりのろうそく」。直径20㎝、長さ40㎝ほどに玉切りしたアカマツやコナラの丸太に十字に切り込みを入れ、中心に竹の棒を刺してある。切り込みの中心から固形燃料を竹の棒で押し込んで点火すると、ここを火床に切り込みから空気が入り込み、5分と経たずに30㎝ほどの炎が立ち上り、2時間ほど燃え続ける（T）

薪割り機もお手軽に

廃品だけで作った　移動式薪割り機

福岡・大橋鉄雄さん

茶農家で、自分の山の木を製材・直売する林家でもある大橋さんは、日頃使う機械の廃品を集めて薪割り機を作った。油圧シリンダーで木を押して、反対側に固定した爪で割るしくみ。重いので小型の車輪をつけて移動しやすくしてある。 編

＊2011年12月号「わが家自慢の自作薪割り機」

トラクタに装着　強力な薪割り機

群馬・久保田長武さん

使えなくなった大型ユンボの油圧シリンダーをトラクタに据え付け、台の端に加工したサブソイラの刃を取り付けた。トラクタから取り出した油圧はとても強いので、かなり太い丸太でも簡単に割れる。どこでも移動できるので、友達にも気軽に貸せる。廃品を利用し、14万円で自作。 編

＊2012年3月号「移動自在の薪割り機」

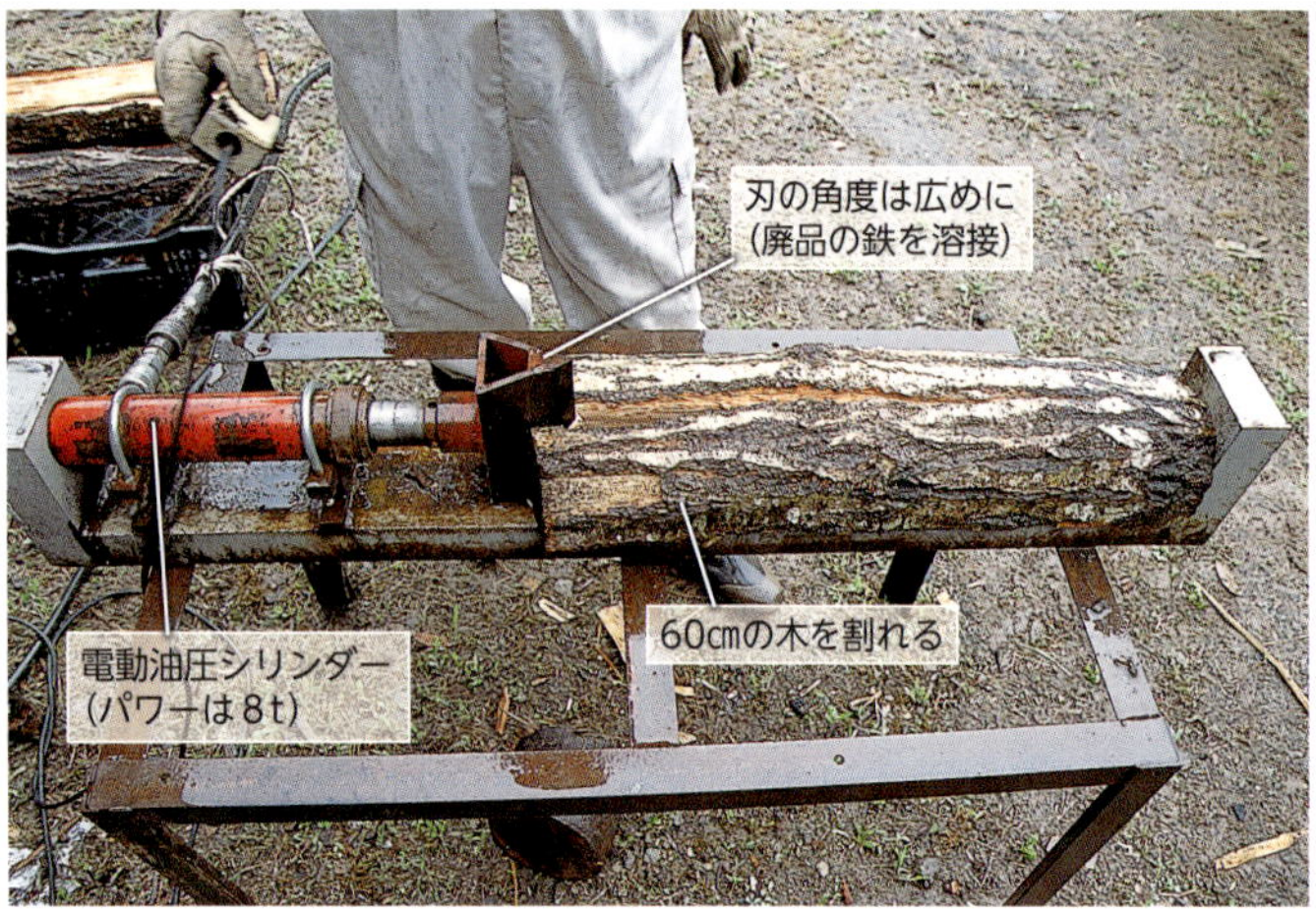

薪がパカッと割れる　幅広刃をつけた

埼玉・菅原陽治さん

もらいものの油圧シリンダーのストローク（伸び幅）が短かったので、刃の角度を広めにした。木に刃が少し食い込めばパカッと割れる（鋭角な刃は食い込みはいいが、奥まで刃が入らないと割れない）。 編

＊2011年12月号「わが家自慢の自作薪割り機」

●手動式薪割り機「剛腕君IFM-10TS」

ダブルピストン式油圧ジャッキを採用。両腕を前後に振って動かすだけで女性でもラクに薪を割れる。最大処理径35cm、最大処理長45cm、粉砕力10t、重さ43kg。価格2万5200円

インターファームプロダクツ㈱
東京都練馬区向山4-35-1　TEL03-3998-0602

F&P

痛快！ロケットストーブ

自作のロケットコンロと筆者。食料品店を経営しつつ、ウメや野菜各種を２反ほど栽培

焚き口にくべた薪から火口のほうへ向かって、ロケットのようにゴーゴーと炎が上がる

DVDでもっとわかる

燃焼効率抜群！
ロケットコンロに驚いた

神奈川・佐藤敬之

簡単、コンロ型ロケットストーブ

「ロケットストーブ」。何それ？『現代農業』二〇一一年一月号で初めて目にした単語。廃材やレンガを使って手作りする薪ストーブで「煙がほとんど出ない」「煙突を横に這わせて蓄熱できる」と書いてありました。

私は以前から薪ストーブや焚き火が大好きで、ウメ畑のせん定枝や老朽木などを暖房用の燃料に使えないかと思っていました。まずは誰にでも簡単に作れる調理用（コンロ型）のロケットストーブを作って威力を試してみることにしました。

結果はというと、薪焚きなのに、もうビックリするほどの燃焼効率でした。着火も簡単。一度火がつけば、うちわや火吹き竹も不要。白煙はほとんど出ないので街中でも安心。完全燃焼するので消し炭もほとんど残ら

かまど VS ロケットコンロ 燃え方の違い

煙突もない簡易かまどだと、空気の流れが安定しない。炎が焚き口から激しく逆流してしまうこともある

● かまど
（煙突付き）

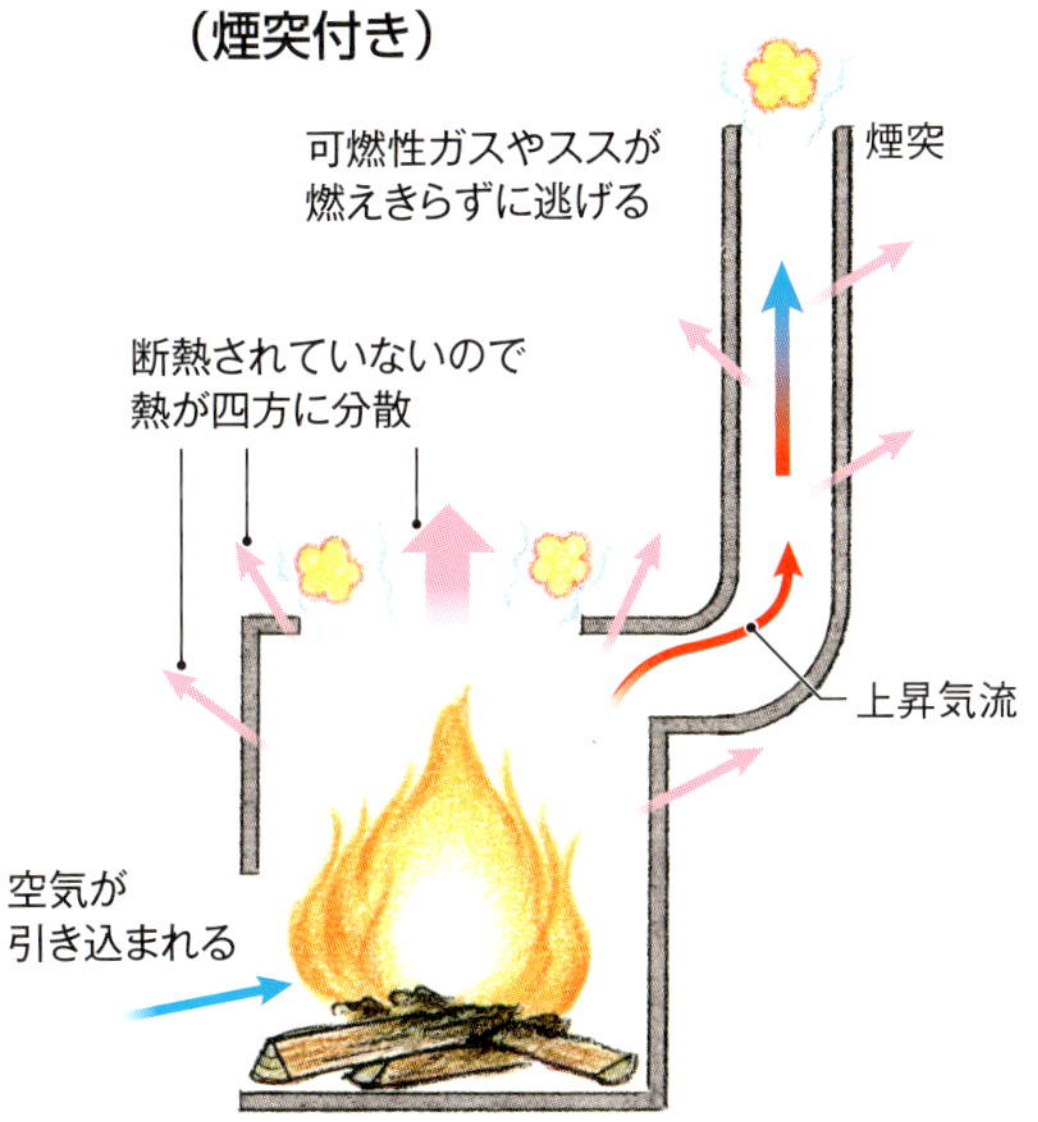

煙突内の上昇気流（ドラフト）のおかげで焚き口から空気が引き込まれ、燃焼が進むしくみ。しかし熱は四方に分散、薪から出てくる可燃性ガスも、燃えきらずに逃げてしまうものが多い

● ロケットコンロ

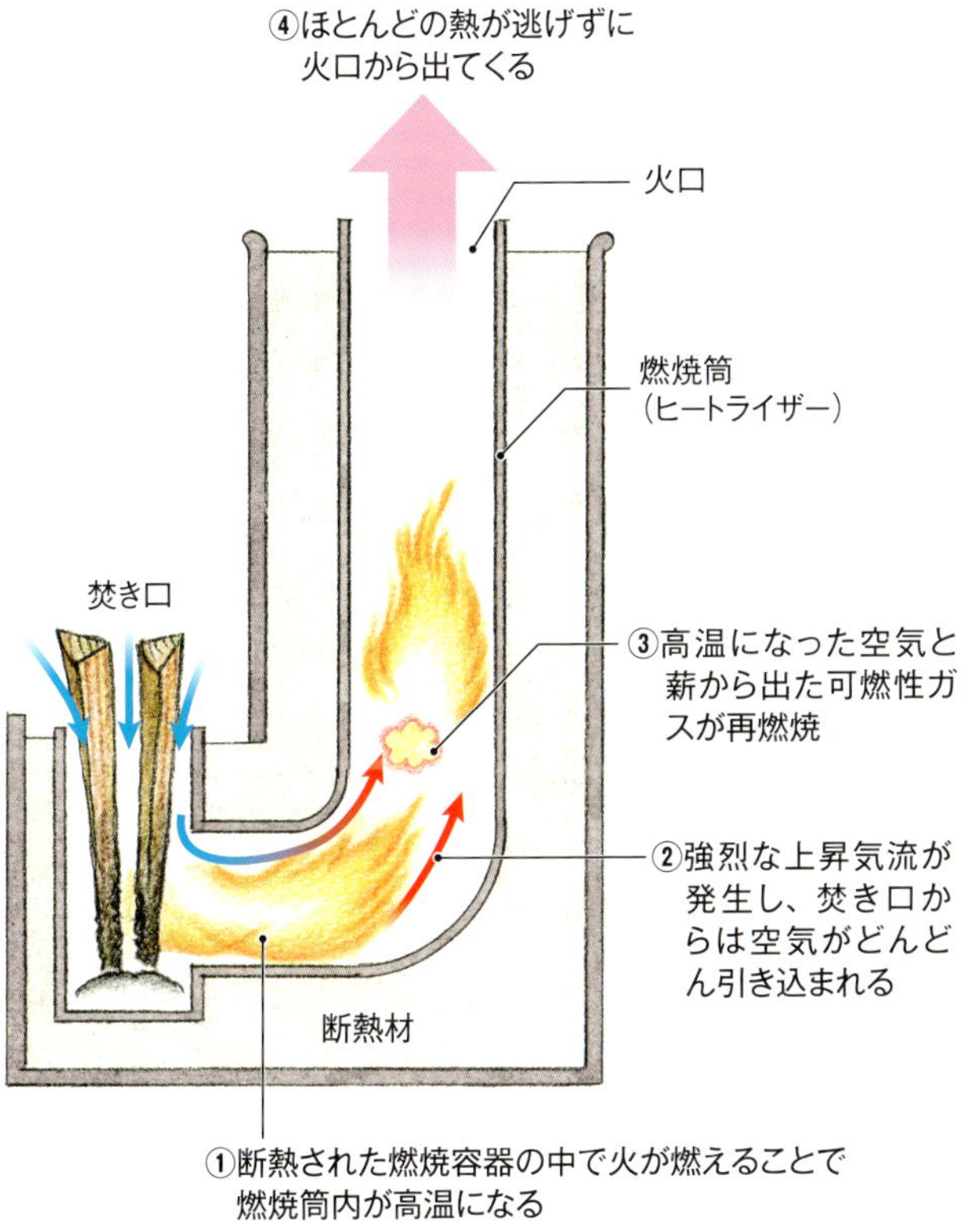

燃焼筒（ヒートライザー）は断熱煙突の機能も持つ。中では強烈な上昇気流が生まれて空気がどんどん引き込まれ、高温の空気と可燃性ガスが再燃焼。
全体を断熱しているので、発生した熱はほとんど逃がさず火口で利用できる。

ず、灰も少しだけ。さらに、同じ熱量を得るのに必要な炎の大きさが焚き火に比べてとても小さいので、火災が起こる心配も少ない。なにより、大掛かりにやらなくていいのです。

　用意する材料は、一斗缶やステンレス製の煙突エルボなど、廃材を集めてくれば買わずにすむものばかりです。震災時の緊急薪焚きコンロとしても、これで十分に能力を発揮すると思います。

断熱&燃焼筒で格段の燃焼効率

　このロケットコンロの燃焼原理の肝は、燃焼筒のシンプルな構造にあります。L字になった筒状の燃焼容器が焚き口と燃焼筒と火口（火の出口）の役目をし、これらを断熱することで燃焼筒に強力な上昇気流が生まれます。同時に大量の酸素が焚き口から引き込まれるので、効率よく燃焼する仕組みです。

　昔ながらのかまどは、煙突の上昇気流によって燃焼部に負圧をつくって燃焼効率をあげています。いっぽうロケットストーブは、燃焼部分自体が煙突効果を持っているので、燃焼効率が格段に向上します。と同時に、かまどが排煙と一緒に逃していた熱量を有効に調理に使える利点も持っています。

　基本的な燃焼原理がわかれば、レンガや瓦、粘土、鉄板など、目的に合わせてさまざまな素材で作ることもできます。

オイル缶＋一斗缶型 ロケットコンロ

完成形。さらにひと工夫は、火口部に輪切りにしたオイル缶を載せたこと。燃焼筒への風の逆流を防ぎ、熱の分散も抑える

材料はこれだけ。購入したのは、ステンレス煙突の部品とバーミキュライトのみ。オイル缶や一斗缶には、金切りハサミで穴をあけた

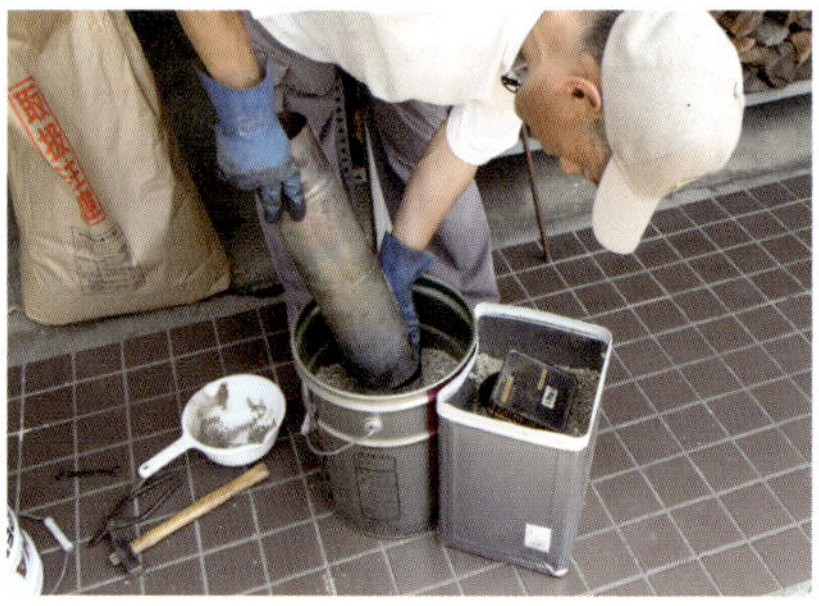

燃焼筒に45㎝の煙突を立てて長くしたのがミソ。より強い上昇気流をつくり、可燃性ガスを再燃焼させる

● ロケットコンロの基本形

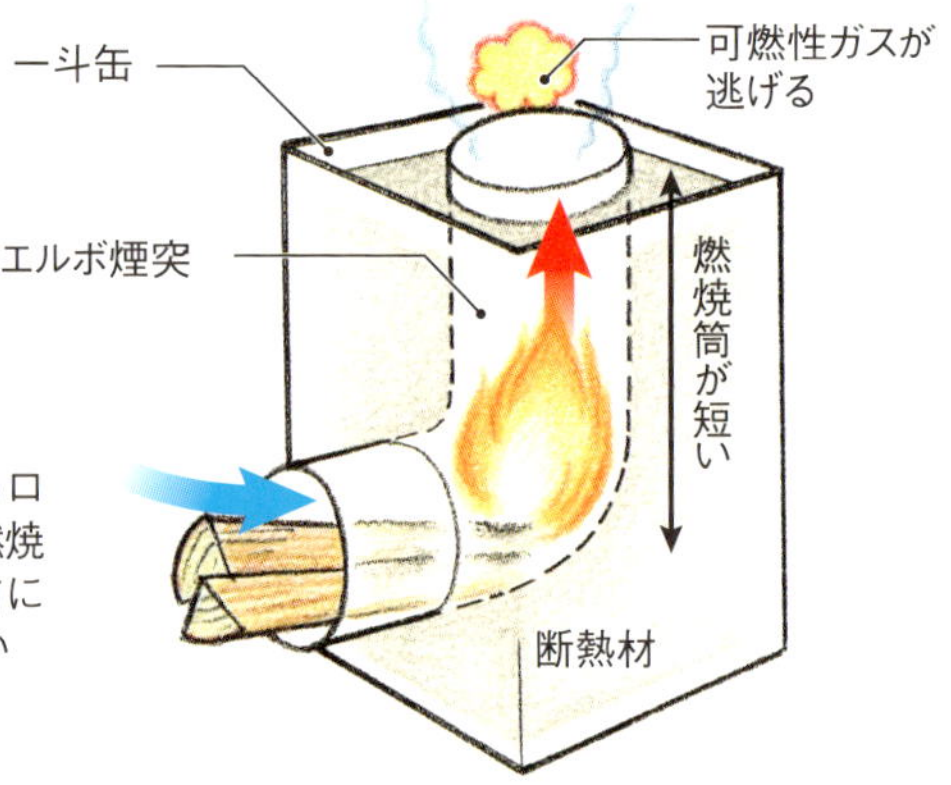

一斗缶とエルボ煙突だけでもロケットコンロはつくれるが、燃焼筒が短いので、再燃焼する前に逃げてしまう可燃性ガスが多い

燃焼筒を長くしてさらに効率アップ

緊急時や暖房の補助として使う場合は、一斗缶だけで作る基本形でいいと思います。簡単に作れてすぐに使えるからです。ただ、二次燃焼が燃焼筒の外で起きるので、煤がたくさん出ます。

その解決法として、私は燃焼筒の垂直の立ち上がりを長くし、煙突機能と二次燃焼機能を向上させました。基本形より高効率の燃焼をします。

この改良型を使い何度か飯ごうでご飯を炊いたところ、三合が、長さ三〇㎝太さ五㎝の薪一〇本ほどで炊きあがりました。味も格別でした！

ただ、ひとつだけ課題が出てきました。高効率の燃焼をするようになると、ステンレスの燃焼部が高温の酸化作用でボロボロになって壊れやすくなるのです。ステンレス部分は交換が可能なので消耗品と考えてもいいのですが……。

レンガで耐久性向上

ある日、燃焼筒をレンガでつくり、簡易かまどと組み合わせてロケットコンロにする方法を思いつきました。簡易かまどは、農家の年中行事に出番の多い羽釜を載せられるので、非常に便利です。しかもレンガと組み合わせることでかなりの耐久性が得られ、鬼に

レンガ型 ロケットコンロのつくり方

簡易かまどとレンガを組み合わせてつくったロケットコンロ

簡易かまど＋レンガ型ロケットコンロの材料。レンガは、形に狂いの少ないJIS規格のものがオススメ

薪を載せる鉄筋のロストルと金網を囲むようにレンガを３段積む

燃焼筒は、焚き口に対して少し斜めに積んでいくと崩れにくい

レンガの向きを変え、さらに３段積んで燃焼筒とする。焚き口もつくって完成。断熱材は使わないが、レンガの蓄熱効果で内部を高温に保てるため、強い上昇気流をつくれる

金棒。

実際に羽釜を載せて五合の米を炊いたら、一三分ほどで炊き上がりました。薪の量は、簡易かまどだけのときと比べると半分以下です。とても便利で、わが家ではたいへん重宝しています。

（神奈川県横浜市　佐藤浅治郎商店）

＊二〇一一年七月号「オイル缶と一斗缶でできるロケットストーブ・コンロ」／二〇一二年十二月号「羽釜が使えるロケットストーブ・コンロ」

ロケットストーブの基本のしくみ

石岡敬三

ロケットストーブ人気の火つけ役、日本ロケットストーブ普及協会事務局の石岡敬三さんに、暖房用ロケットストーブの基本のしくみを解説いただこう。

断熱が大きなポイント

廃材を上手に使って手作りできるロケットストーブですが、なぜ燃焼効率がいいのでしょう。答えはその構造にあると思います。特徴は、ヒートライザーと呼ばれる煙突形の燃焼筒と、バーントンネルと呼ばれる燃焼室です。

まずは煙突効果を持つヒートライザー。これは必ず断熱します。すると内部の空気がすぐに温められ、強烈な上昇気流が生じます。火をつけた後、焚き口から煙が出てこないのはこのためです。

またヒートライザー内は蓄熱もされるので、薪が燃えて弱火になっても煙突効果を維持しやすいのも特徴です。

次にバーントンネルという燃焼室。これもヒートライザーと同様に断熱（蓄熱）します。すると温度がどんどん上がり、高温状態を保ちますので、燃焼ガスが十分に化学変化を起こして燃え、完全燃焼に近い形になります。少ない薪でも効率よく燃えるというわけです。

未燃焼ガスもよく燃える構造

では、実際にロケットストーブの燃焼の様子を見てみましょう。図の①〜⑦を見ながら読んでください。

①まず焚き口（フィードチューブ）の下にしわくちゃにした新聞紙を一枚置き、マッチで火をつけます。そしてやさしく息を吹きかけます。そうすることで炎がバーントンネルからヒートライザーに向かいます。もう一枚の新聞紙を落とし込み、さらに息を吹き込み、炎に勢いがついたら薪を立てかけます。細い薪に火がつけばもうしめたものです。

②断熱されたバーントンネルで炎が高温になります。

③炎は九〇度に立ち上がったヒートライザーに進み、そこで強烈な上昇気流が発生します。

④バーントンネルから突然九〇度に折れる構造のため、ヒートライザー内では上昇気流が乱気流となります。これにより薪から出た未燃焼ガスが

家の中に設置したロケットストーブ

内部の構造は左ページ図のようになっている

ロケットストーブの構造

断熱されたバーントンネルとヒートライザーを備えることで強烈な上昇気流を生み出し（ドラフト効果）、燃焼効率が抜群によくなる。
ドラム缶を使うタイプの場合、燃焼と空気の流れをよくするためのポイントは3つ。

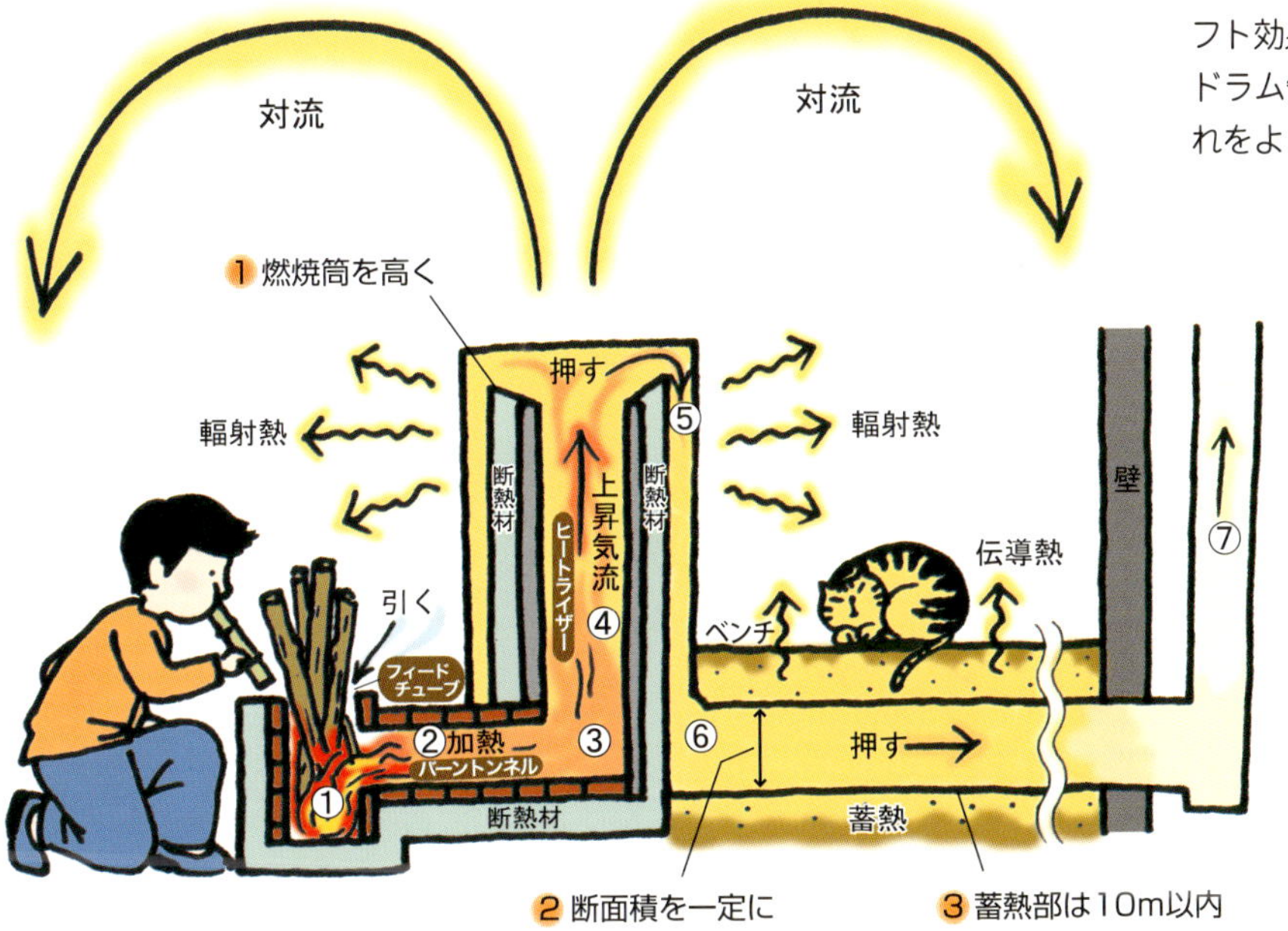

1 燃焼筒を高く
低いとドラフト効果が弱まり、燃焼効率が落ちる。ドラム缶を使う場合は62.5～100㎝

2 焚き口から煙突までの断面積を一定に
とくにバーントンネルの断面積より狭い部分があると、空気の流れが滞る

3 蓄熱部は10ｍ以内
長すぎると、排気が滞り、逆流も起こりやすくなる

酸素とほどよくミックスされ、さらに燃焼が進み、温度が高くなります。

⑤強烈な上昇気流で押し上げられた温風が、今度は一八〇度方向を変え、下に向かって押し出されます。

⑥やがて土で覆われたベンチの間に押し出された温風で土の蓄熱層（ベンチ）に温かい熱が蓄えられます。

⑦まだ少し温かい空気が外の立ち上がった煙突に達したところで、再度上昇気流を生みだし外に吐き出されます。

蓄熱もできる高効率のストーブ

土で覆って横に延ばしたベンチの長さは、一〇ｍでも可能です。ここに排煙の熱を蓄えられることも、ロケットストーブの大きな特徴です。

従来のボックス型薪ストーブは、いくらクリーンな燃焼を行なっても、熱を発する本体の体積は小さく、温かい排煙熱を蓄熱する場所もありません。その点、ロケットストーブは、燃焼温度を高く保てる断熱された燃焼室、薪から出るガスと酸素を充分燃焼させる長さのバーントンネルとヒートライザー、そして排煙熱を蓄えるための大容量の蓄熱部分を備えた高効率の薪ストーブといえます。

（日本ロケットストーブ普及協会事務局
広島県府中市）

＊二〇一一年十二月号「ロケットストーブ
その『ケタ外れな燃焼効率』の秘密」

上記3つのポイントさえ押さえれば、形は自由自在。部屋の形、目的に応じてさまざまなストーブをつくる方々が急増中

室内の板の間に設置

床暖房（オンドル）方式

ペチカ方式

自作のロケットストーブのベンチに座る筆者と妻（黒澤義教撮影、下も）

ベンチの下、背もたれにダクトが通っており、下からポカポカと暖まる

ロケットストーブ快適ライフ

神澤則生

ロケットストーブに出会ったのは二年前。一冊のマニュアル本（※）がきっかけでした。世界各地の実例やつくり方を見て「いいね！すぐにつくろう」と思い、仲間と一緒に製作しました。

ドラム缶とU字溝を使うタイプで、材料費は約三万円。二日間でストーブの大まかな構造はできあがり、その後何回かに分けてベンチを覆う土を塗り重ね、一カ月後に完成しました。

火が魔法のように焚き口から吸い込まれていく様子に、まず感動。ストーブ全体から放たれる遠赤外線と座面からじんわり伝わる暖かさは、身体を芯から温めてくれます。

大きな利点は、焚き口に上からどんどん薪を入れられること。勝手に燃えて沈んでいくので、なくなってきたら足せばいいわけです。普通はあまり向かないとされる針葉樹の薪も問題なく燃やせますし、竹も十分使えます。

ロケットストーブは設計図が公開されていて、安価でみんなで手づくりできます。楽しみながら技術も高めあえる。化石燃料に頼らないことにもつながる。これからの時代に欠かせない要素が詰め込まれた、心も身体も温まるストーブです。

（NPO法人トージバ事務局長）

＊『季刊 地域』12号（二〇一三年冬号）「ロケットストーブ快適ライフ」

※日本ロケットストーブ普及協会編『ロケットストーブ』

DVDでもっとわかる

人が集まる

お座敷付きロケットストーブをつくる

NPO法人トージバ事務局・神澤則生さん

すっかりロケットストーブに夢中になった神澤さん。

今度は空き家を改装したコミュニティスペースにロケットストーブをつくることにした。

それも、床暖房のお座敷付き！　その製作過程を見せていただいた。

お座敷付きロケットストーブと神澤則生さん。焚き口で薪を燃やした熱がヒートライザー（燃焼筒）を上り、ベンチとお座敷の下に敷いた配管を通って下から暖める。大人数で温まるのにもってこい

全体の配管はこんな感じ。ベンチとお座敷下の配管の長さは6m。レンガでつくった焚き口、ドラム缶（200ℓ）とU字溝（18㎝タイプ）でつくった燃焼筒、ダクト（径20㎝）の断面積はいずれも320㎠前後で統一。燃焼筒の高さは74㎝と十分高い。ロケットストーブづくり3つのポイント（23ページ）をすべてクリア

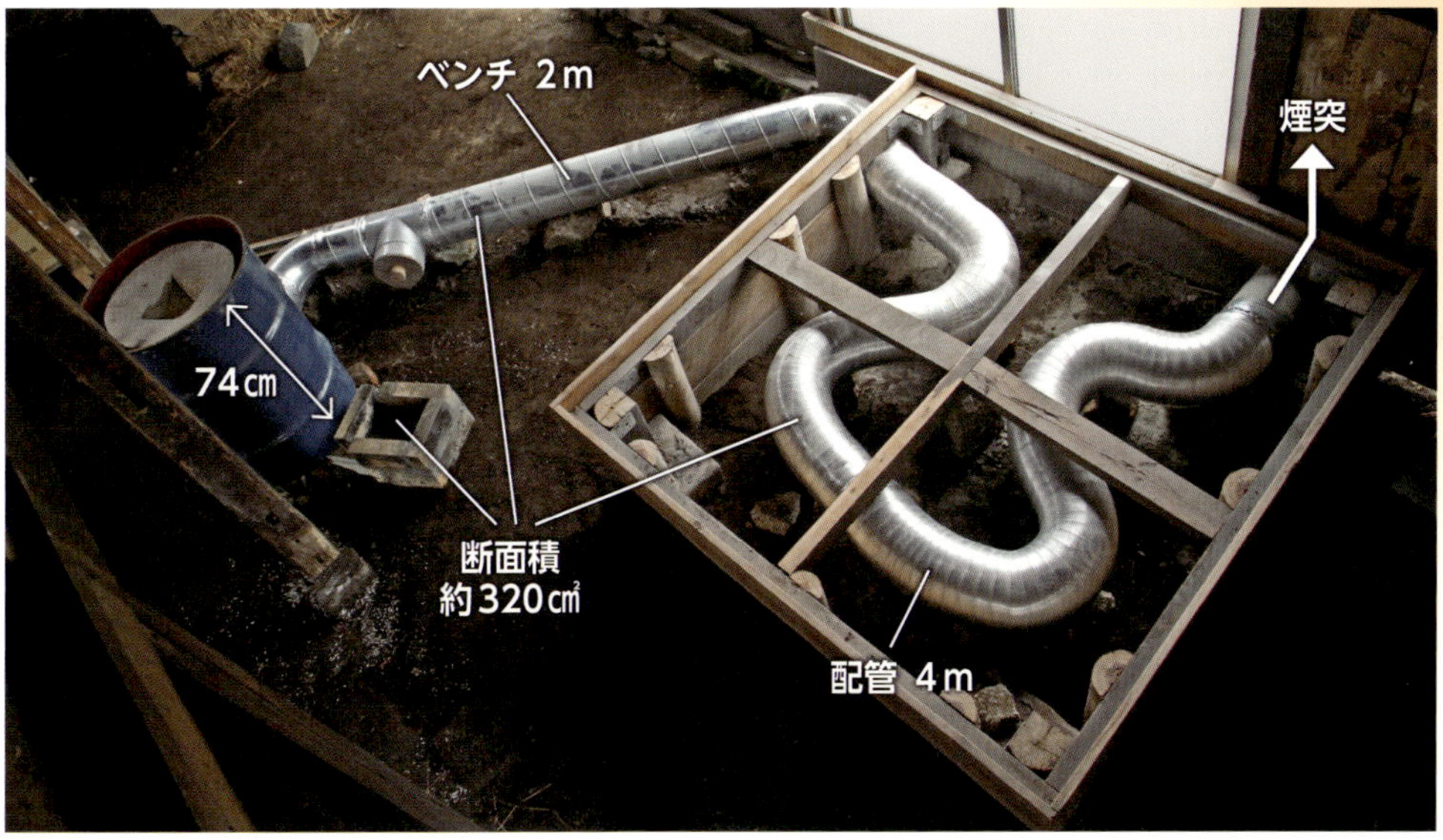

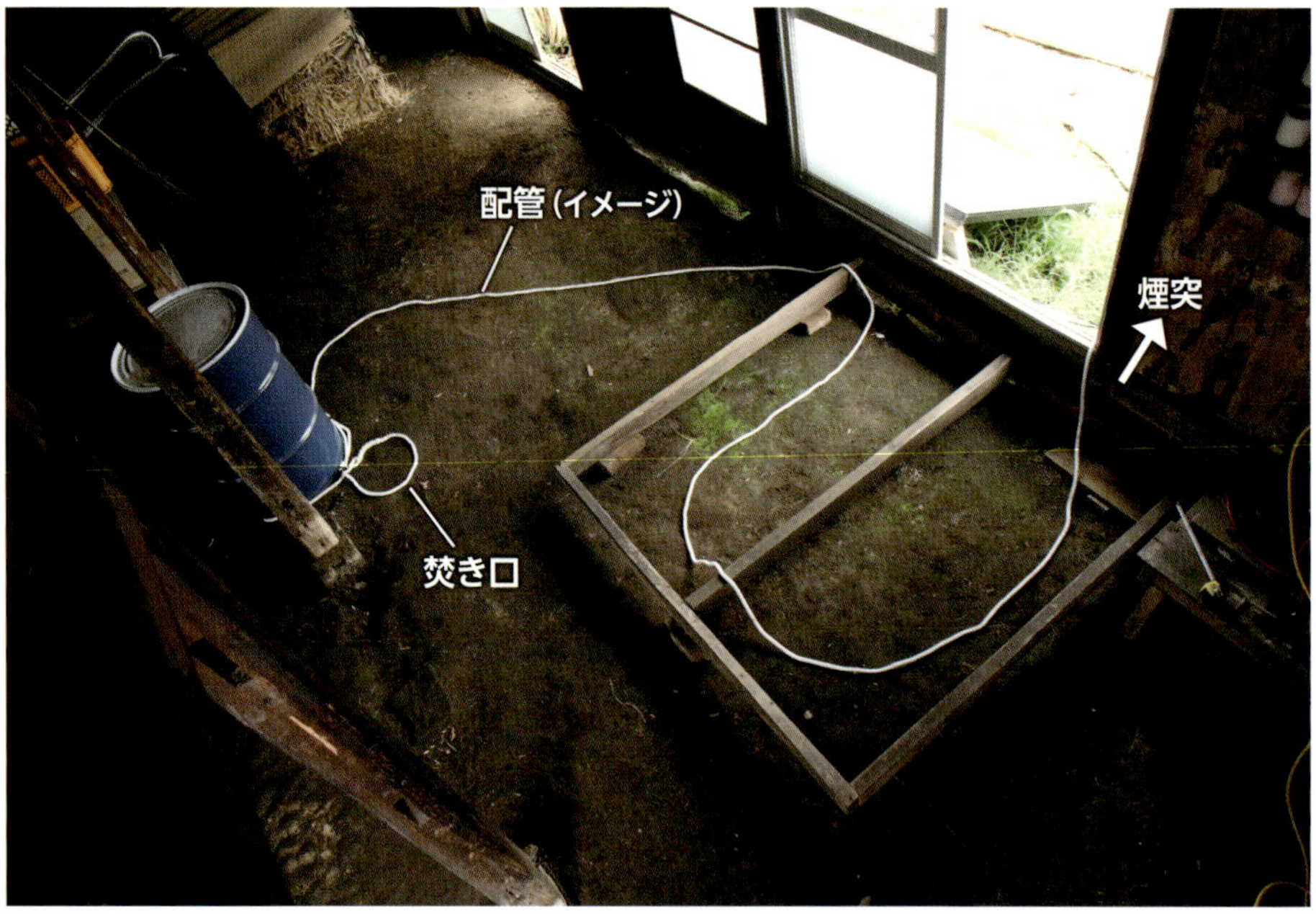

1 設置場所を決める

まずは設置場所を決める。火の用心を考えると、土間がベスト。配管の形を、長さ10ｍ以内におさまる範囲で決める

2 材料を切る

身近で手に入る材料を、長さを測って切り揃える。とくに燃焼筒になるU字溝は、寸法が燃え具合を大きく左右するうえ、材質が硬いのでキッチリ測って丁寧に切る

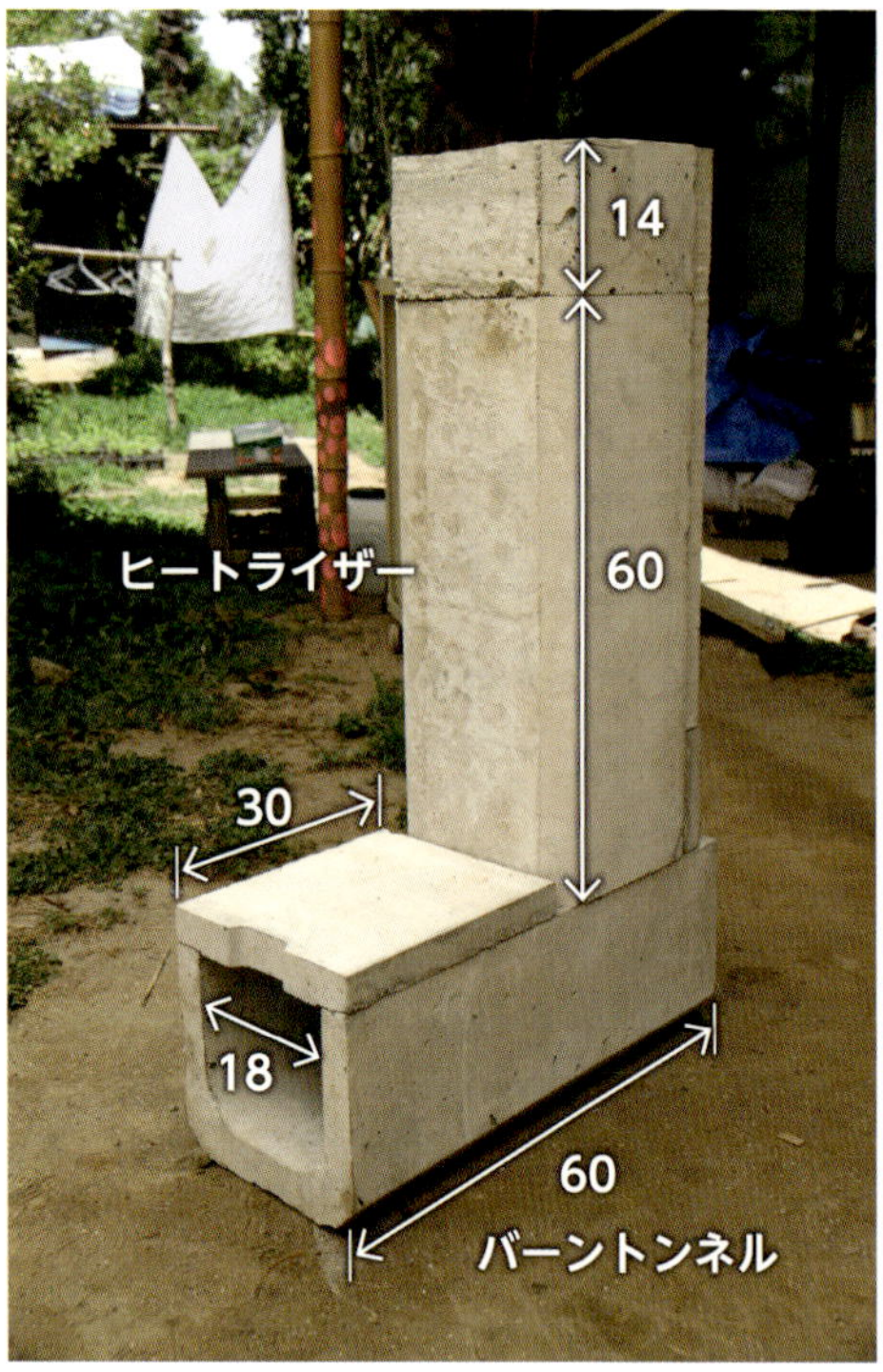

ヒートライザー（燃焼筒）とバーントンネル。材料はU字溝（18㎝タイプ）×３、フタ×２（寸法の単位は㎝）

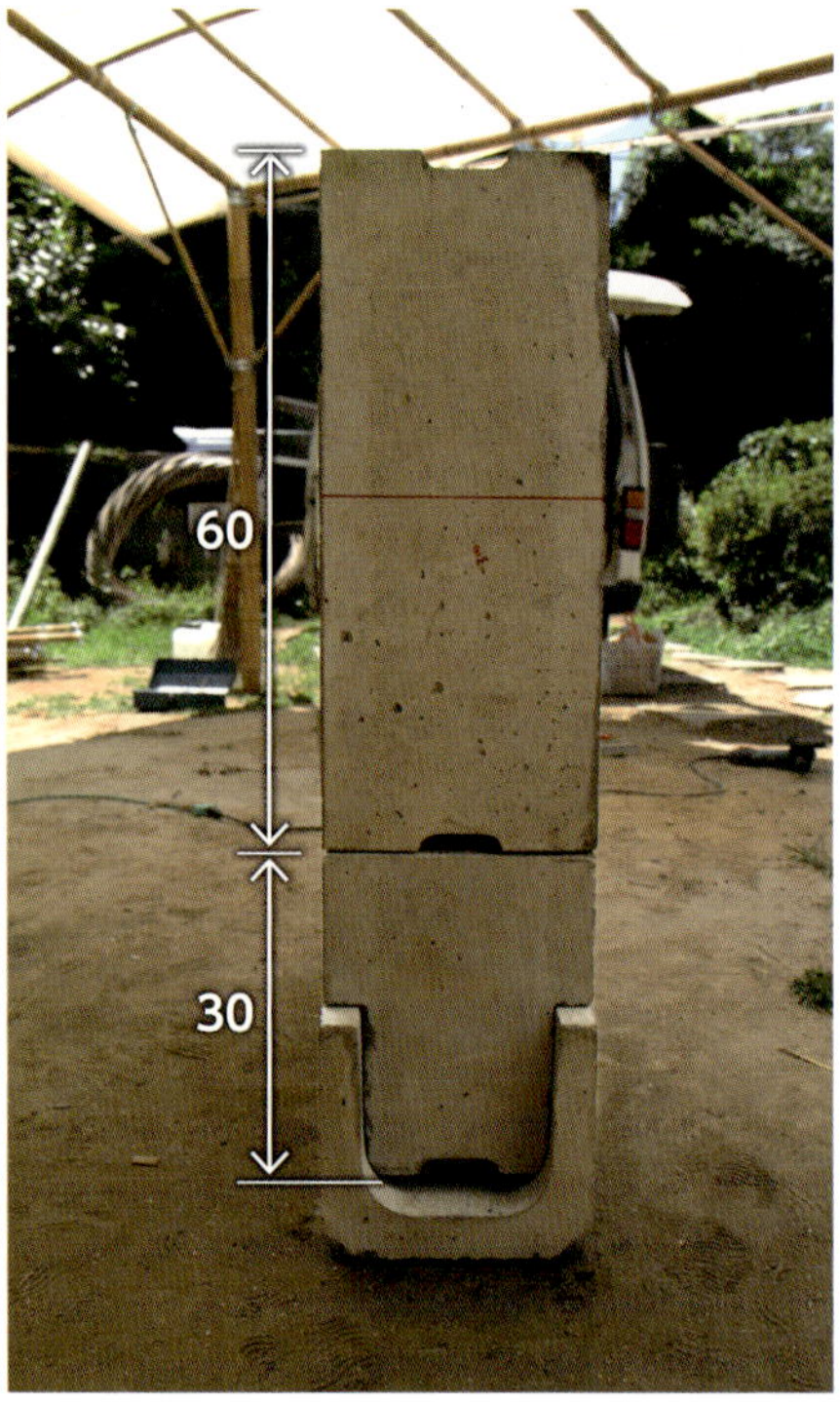

後ろから見たところ。フタの穴はあとでモルタルで埋める

材料に合わせて道具を使い分けると作業も早い

3 燃焼部をつくる

ベンチ部分の配管を実際に置いて焚き口から燃焼筒をつくる部分の位置を決めて掘り下げる

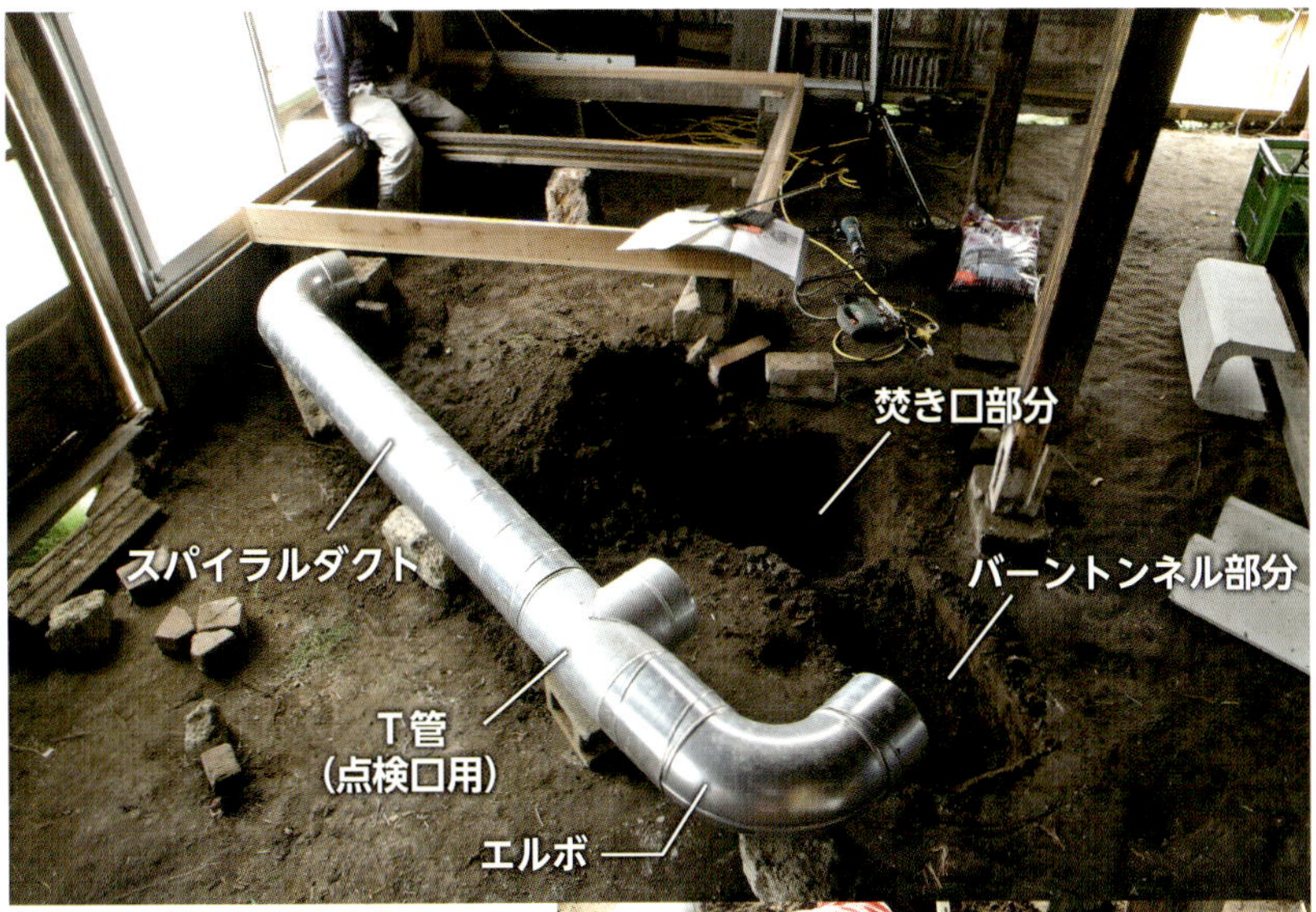

断熱材の上にU字溝で燃焼筒を、耐火レンガで焚き口を組み上げる。焚き口の幅は、U字溝の幅に合わせて組む

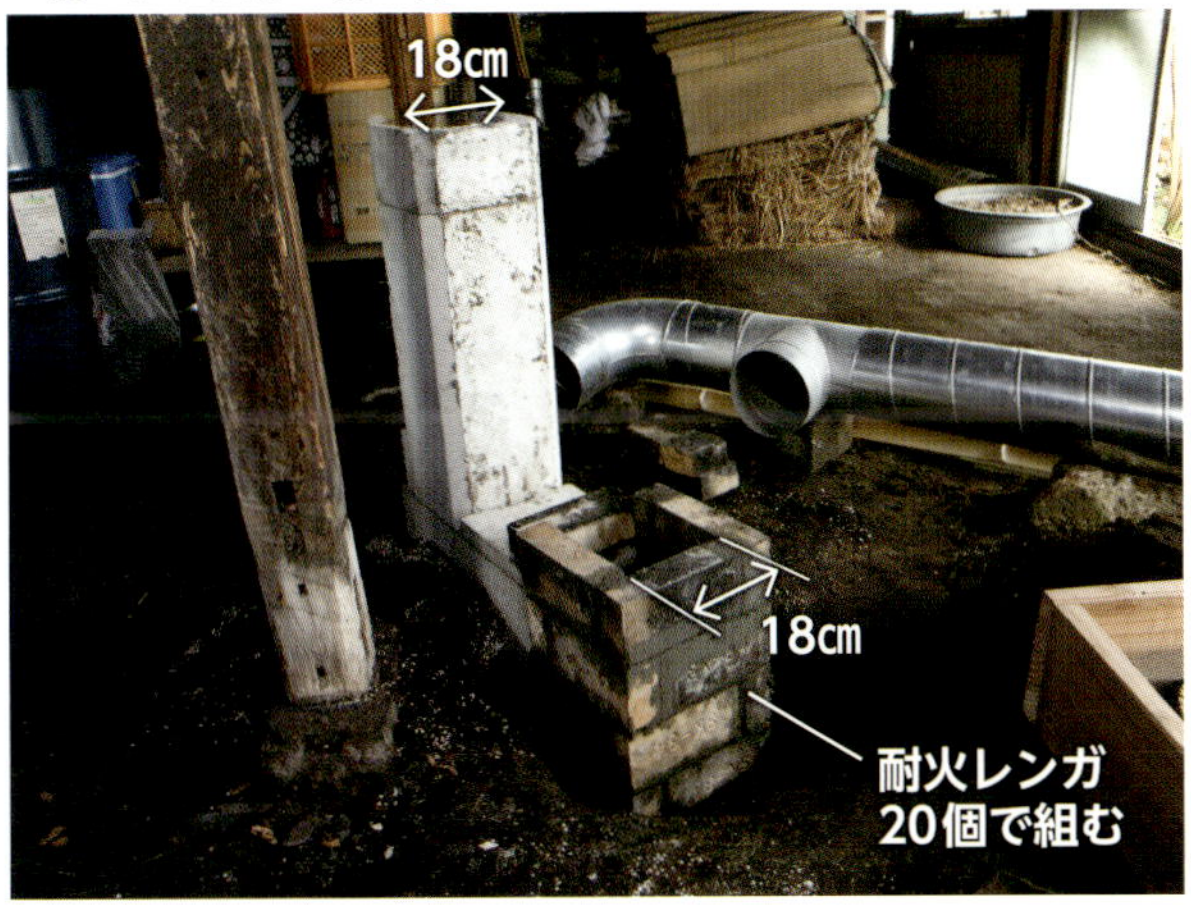

穴に断熱材を10cmほど敷きつめる。土台となるレンガも置いたほうがいい

燃焼筒を囲んで断熱材を入れる。囲みは、保米缶を切ってつくった円筒。100ℓのドラム缶が手に入れば、それでもいい

断熱材はU字溝の縁まで入れる

断熱材の上をモルタルで覆う。円筒の縁に向かって斜めに均すと、中心から拡散する空気の流れがよくなる

燃焼部を囲うドラム缶を切る。かぶせたとき、内側の円筒の縁から5㎝の高さになるようにする。ドラム缶のフタの厚さが2㎝あるので、これで円筒の縁とドラム缶フタとの隙間が3㎝になる。かつてこの隙間が1㎝狭かったために燃え方がイマイチだった経験もあるので、水平を確認して正確に5㎝にする

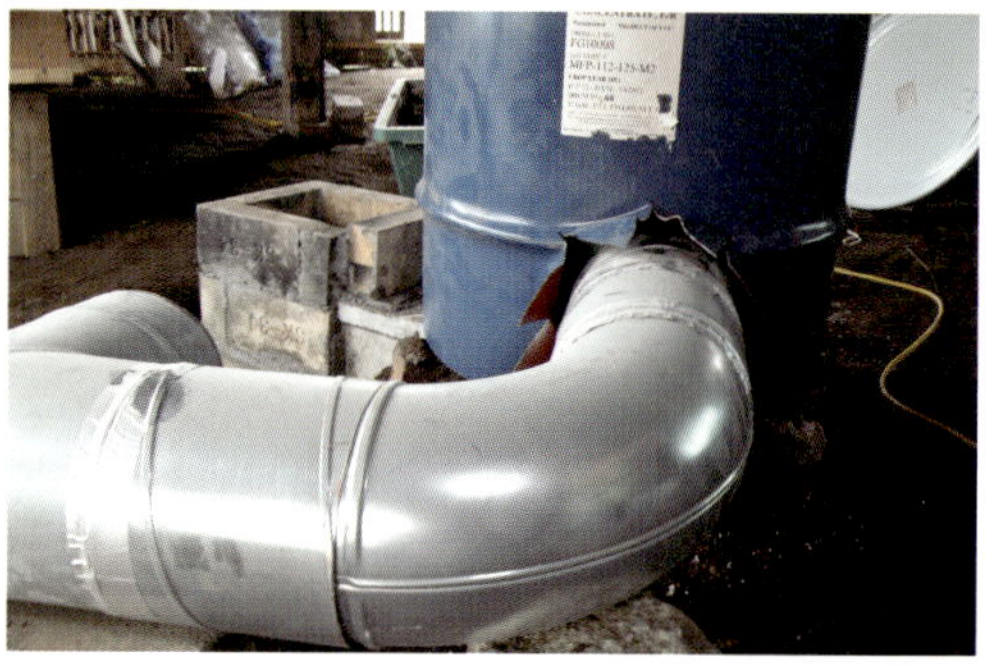

ダクトをつなぐ部分は、放射状に切り広げる

4 配管をつなげる

ドラフト効果を高めるため、煙突は4mと高めにした

ベンチからお座敷部分、煙突へと配管をつなげる

5
土を盛る

ベンチの下に竹で枠をつくり、断熱材を隙間なく盛る。ドラム缶とダクトの隙間は、上から塗る土が入らないよう金網で覆って針金で留めておく

ドラム缶の下、ダクト部分を土で塗り固める。土は、廃屋の壁土に２割ほどの石灰と水を加えて練り直したもの。砕石も加えながら盛ると蓄熱効果が上がる。１回目は約１㎝と薄めに。１カ月ほど土が乾くのを待って２〜３回塗り重ね、３㎝ほど土を盛る

6
火入れ

試しに火入れして、熱の流れに滞りがないかチェック。焚き口から燃焼筒に向かって炎が引き込まれていけば問題なし

完成！

土盛り完了、畳も敷いた
お座敷付きロケットストーブ

つくる人の数だけ形がある

燃料は裏山の竹 震災直後に大活躍

岩手・田鎖吉行

3・11の大震災・大津波。私は被災者ではなかったが、被害者になった。作業場の暖房用灯油が買えない。薪はあるが高齢の父母用のものしか準備していない。岩手の三月の朝はまだ氷点下になる。これでは仕事にならない。

タケノコ（真竹）の生産販売をしている私は、枯竹の処理に苦労していた。これを燃料に利用できないか。竹は火力が強いが、油分が多く普通の薪ストーブでは煙が多く煤も出る。しかしロケットストーブは、火力が強く完全燃焼すると聞く。即、自分でできる範囲で設計図を描き、古い灯油ストーブなどを使って二日間でロケットストーブを作製した。土台部分のレンガを固めるセメントの硬化は三日必要とされているが、そんな時間はない。この時期は再々の雪。三日目には点火した。

「スバラシイー」の一言である。炎の色が太陽に近く、煙が出ない。燃焼室を覗いても煙が目にしみない。ほぼ完全燃焼と思われる。

はじめは竹を五〇cmくらいに切って使っていたが、火足が速くすぐに燃え尽きてしまうので、生来なまぐさな私は一八〇cmくらいに切ってそのまま使ってみた。これだとじつに長持ちする。だが、竹が天井に当たり使いづらいので一五〇cmにした。これで直径六～七cmの太さなら一本で三〇分ほどもつ。

このストーブのいいところは、立木状態の枯竹を切って燃料にするので、雨や雪が降っていても次の日には燃やせることだ。直径六～七cmの竹が五～六本あれば五時間は火がもってくれる。また、タケノコ生産は竹やぶでは出荷量が伸びないが、燃料として竹を間引きすることで、しっかりした竹林に変わる。

＊二〇一二年十二月号「震災直後に大活躍」

筆者がつくったロケットストーブ。150cmの枯竹をそのまま燃料にできる

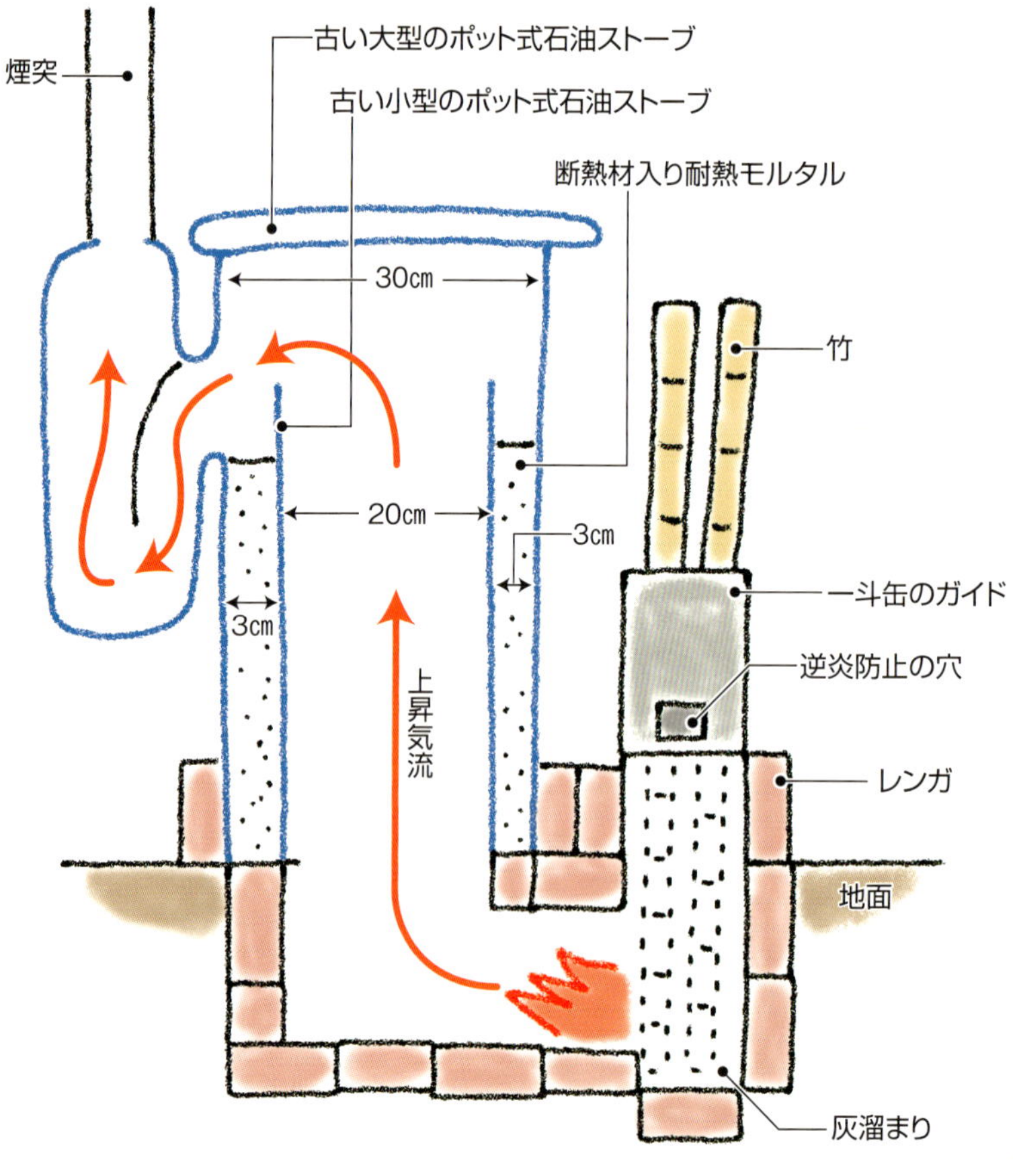

・大小の古い石油ストーブを組み合わせ、地下部は穴を掘ってレンガを組んで作製
・枯竹は火の回りが早く、熾きがすぐに炭になるので、定期的にオタマを使って炭と灰を取る

料理用には一斗缶ロケットコンロで十分

山梨・平田澄雄

私が作っているロケットコンロの特徴は、一斗缶とストーブ煙突の一部（ステンレス管）で誰でも簡単にできることです。費用も一台二〇〇〇円くらいで済みます。小枝で燃やすことができるので、子供に火の番をしてもらうと喜んでやってくれます。煮炊きもできるので非常時にも役立ちます。

いま農家仲間や消費者の方にロケットコンロのワークショップをやっていますが、皆さんとても欲しがります。ガスコンロの上の台をもらってきて、二台のロケットストーブの上に設置すると、とても見栄えがよくなります。

＊二〇一一年十二月号「料理用には一斗缶ロケットストーブで十分」

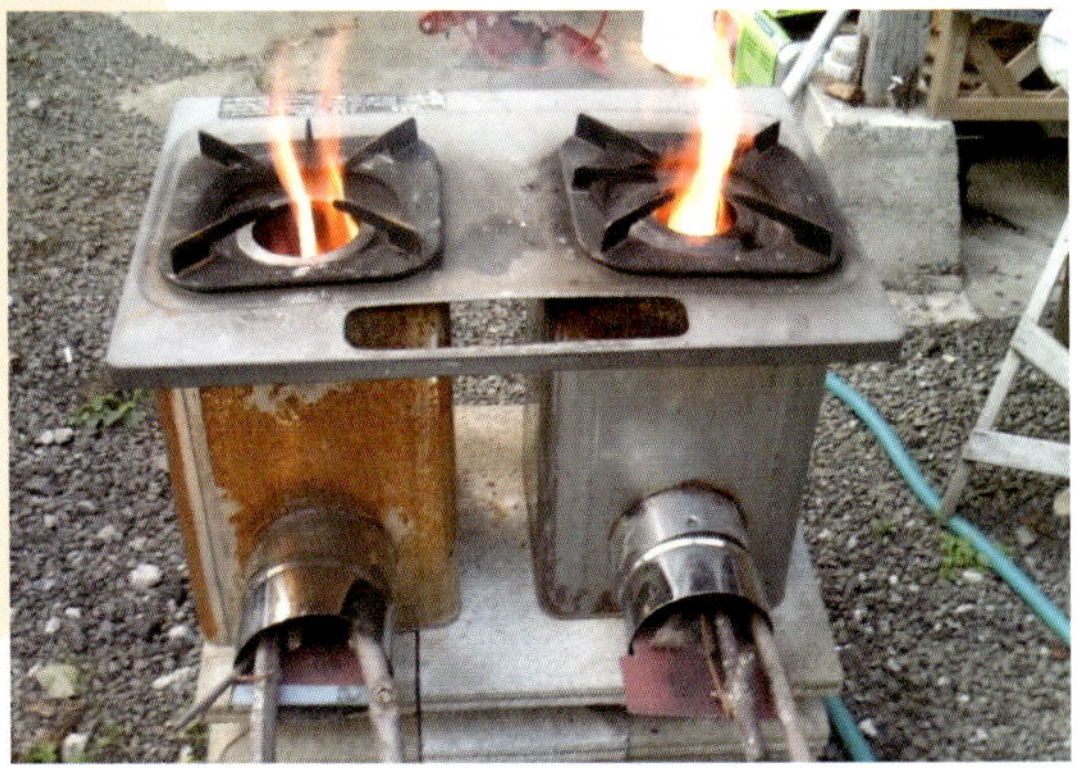

数本の小枝でこれだけの火力。一斗缶内の構造は20ページ図と同じ。断熱材には園芸用の軽石を使った

レンガ二二個で簡単ロケットコンロ

島根・脇 悠子

自給自足が学べる研修旅館のマネージャーとして日頃から薪を使う生活を提案しています。そうしたなかで、ただのかまどではなく効率的に燃料を燃やせないかと調べていきついたのが、ロケットストーブです（調理用のコンロ）。ブロック式のレンガを組んで誰でもどこでも簡単に作ることができるものを考えました。

四苦八苦しながらレンガの組み方を変え、焚き口を広げるなど改良していきました。いまは二二個のレンガを使い、火力も強くなったので、八〇〇gの薪で五合のお米が二〇分で炊けるようになりました。

またコンロの最上部（四段目の上）に網を敷き、網の上に炭を置くことで比較的長時間の煮込み料理なども可能です。

いざという時にガスや電気を使わず調理ができるということ、組み立てが簡単で女性でも簡単に準備できるなどのメリットから、東日本大震災の被災地の主婦からも「ぜひいざという時に備えておきたい」と声があり、実際に被災地で紹介しました。

（島根県大田市　旅館吉田屋）

＊二〇一一年十二月号「レンガ22個で簡単ロケットコンロ」

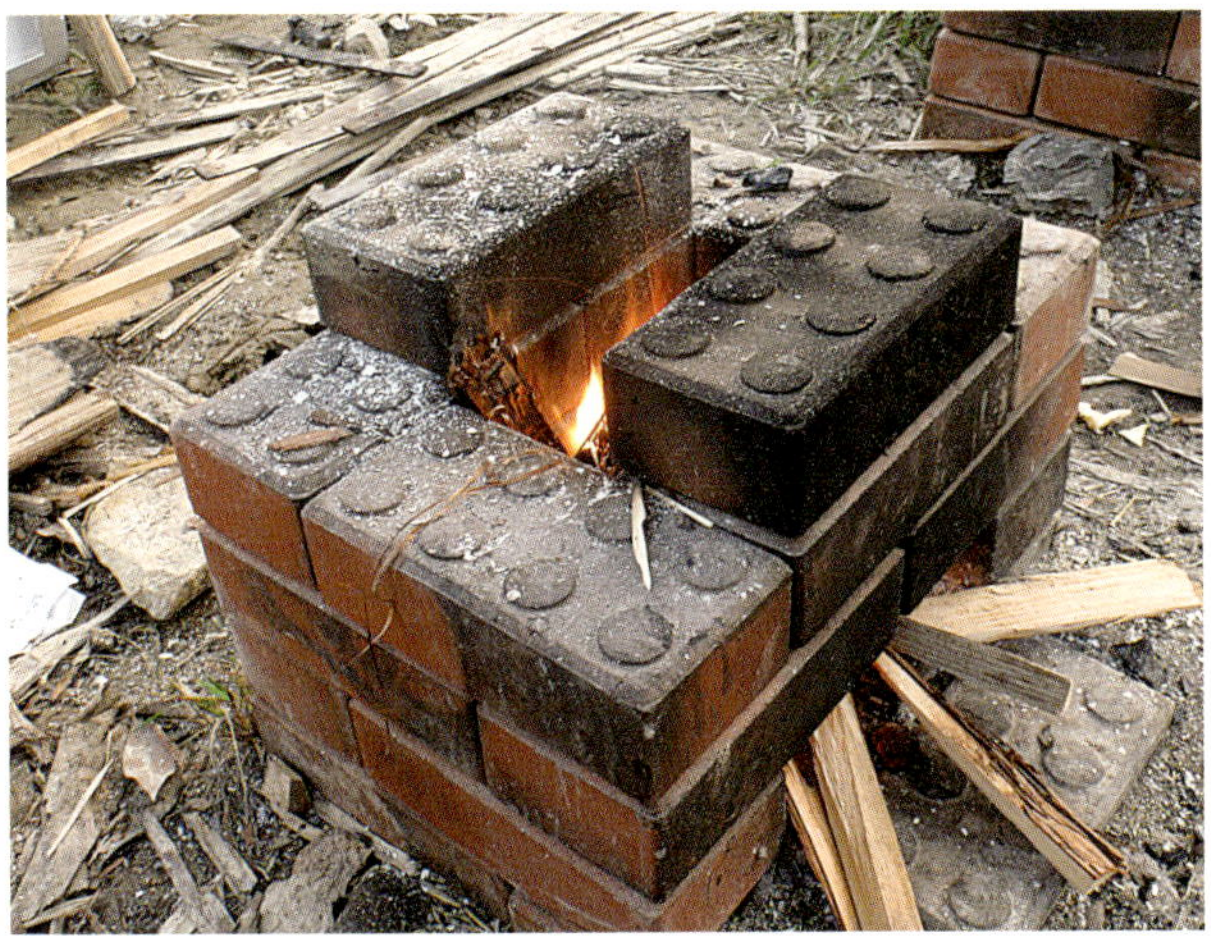

レンガでつくったロケットコンロ

レンガの積み方

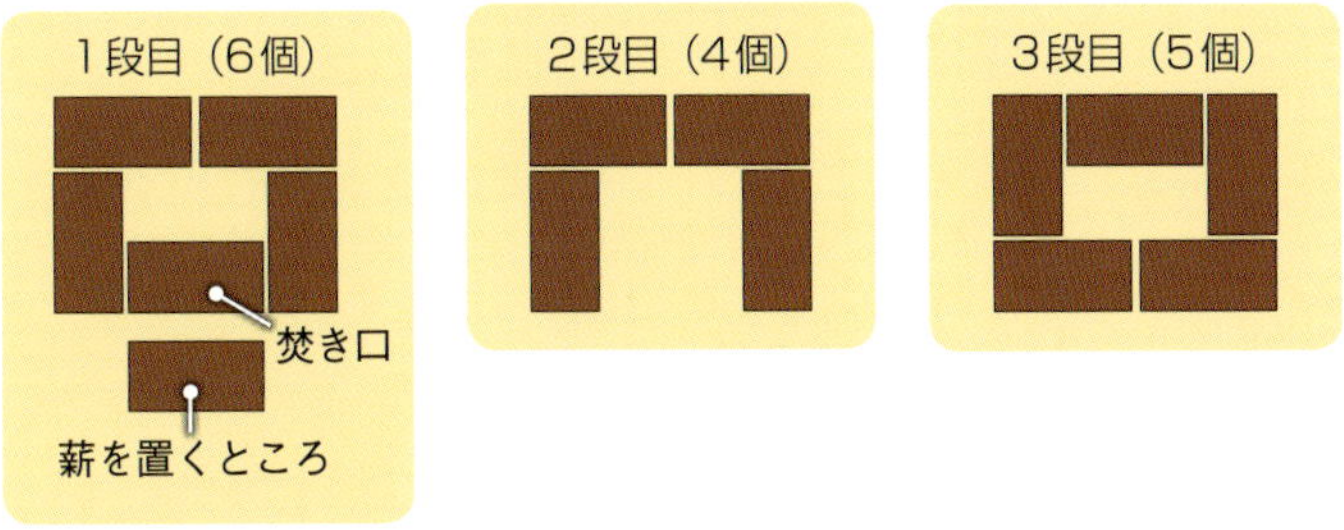

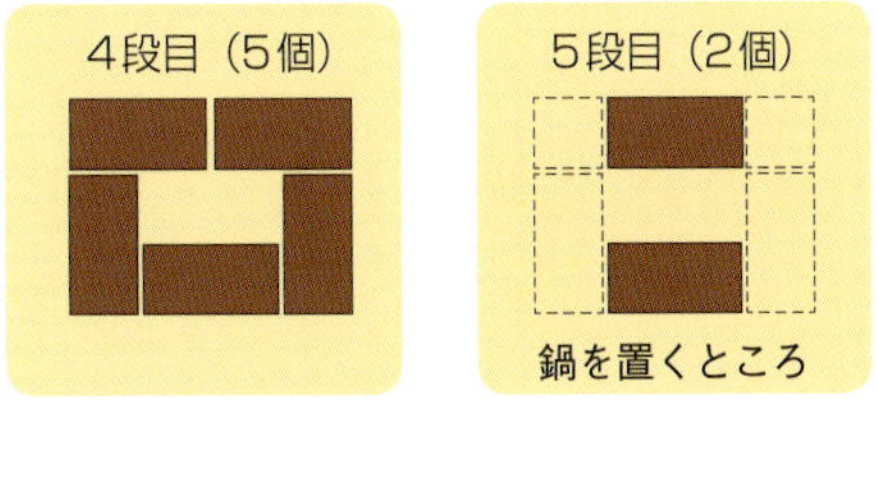

コンロ部分で	19個
焚き口の前に	1個
鍋置きに	2個
レンガは合計	22個

ぽかぽか至福の薪ストーブ・薪ボイラー

安物の薪ストーブを改造してわかった

完全燃焼のしくみ

千田典文

こんなに快適になるなんて！

私はサラリーマンでしたし、わが家には山も畑もありません。薪ストーブに憧れはあっても、まさか自分が使うようになるとは考えていませんでした。ところが、たいして暖房効果を期待していなかった四〇〇〇円前後のブリキのストーブ（時計型ストーブ）を実際に使ってみると、予想以上に快適な生活が待っていました。

最初に驚いたのは、窓ガラスの結露がなくなったことです。それまでは朝起きると窓ガラスの下は結露でべたべたの状態で、厳冬期には窓が凍り付いて開かなくなることもしばしばでした。それがいっさいなくなったのです！

次に快適になったのは廊下です。暖房のきいた部屋から廊下に出るときには寒さを覚悟

廊下の隅に設置した鋳物ストーブ。遠赤外線が窓ガラスを通して抜けたり壁を熱くするのを防ぐため、石膏ボードを立ててある

し（厳冬期は零度以下になる）、気合いを入れてドアを開けなければならなかったのが、温度差を感じなくなりました。

　石油暖房と違い、足元まで暖かいことも予想外に快適。そして、夜も薪ストーブを焚くようになると朝がまた快適でした。厳冬期で外気温がマイナス一四度の朝も、廊下の温度は七度くらいです。朝布団から出るのが辛くなくなりました。

　部屋と廊下の温度差がなくなると、いつの間にか年寄りも風邪をひかなくなっていました。以前は、急激な温度差が健康にも影響していたのだと思います。

　そうこうしているうちに、石油暖房機は一台、また一台と姿を消して、最終的には茶の間と台所にしか残りませんでした。それも、朝晩に火をつける程度です。

やっぱり安物はダメ!?　鋳物ストーブの悲劇

　ただ、いくら快適でも、雨ざらしで真っ赤に錆びたストーブは、見栄えの点で家族からは不評でした。木酢液はとれるものの、タールでベタベタの煙突を週に一回掃除するのもたいへん。煙突から出る煙への周囲からの反応も気になりました（年配の方たちは「懐かしいにおいだね」と言ってくれるのですが）。

　一〇年ほど前から外国製の薪ストーブを使っていた同級生の話を聞くと、「薪はひと冬に二㎥もあれば大丈夫」とのこと。それで、すっかり新しいストーブを買う気になっていました。しかし、何十万円もする外国製のストーブを買う気にはなりません。秋になると、近くのホームセンターには安い鋳物ストーブが並ぶので、当時（二〇〇五年頃）、二万九八〇〇円の鋳物のストーブを購入しました。材質は悪いけれど、本物を買ったのだから、さぞや快適だろうと期待していました。

　ところが、いざ使ってみると、煙は屋内に逆流するわ、煙突も相変わらずタールだらけで、煙突掃除の回数も相変わらずでした。鋳物のストーブもブリキのストーブも、何も変わるところがなかったのです。

　薪の消費量も、同級生の話とはまったく違い、一日中燃やすとどんどん減っていきました。あちこち木を探し回る自転車操業のような生活。「やっぱり何十万円もする外国製でないと、燃え方と燃費が違うのか……」と考え込んでしまいました。

外国製は木を完全に燃やすことを考えている

　そんな日々を送りながら、ネットで薪ストーブのことを調べているうちに、いろいろなことがわかってきました。

　ホームセンターで売っているような「日本式ストーブ」（私が勝手に名付けました）は、燃焼室と煙突をつないだだけのもの。対して外国製のストーブには、木を燃やして発生した煙（木質ガス）に二次空気を送り込んで二次燃焼させる「クリーンバーン方式」など、さまざまな燃焼方式があります（図）。

外国製は、いかに燃料を効率的に使い、タールやススを出さないか、というねらいで開発されてきたのに対し、日本式は「適当に燃やして煙は外に出してしまえ」という発想の違いがあるように思いました。冬の外気温がマイナス四〇度以下になる北欧と、マイナス一〇度前後にしかならない日本の環境の違いが、物づくりに反映したようです。

薪ストーブの燃焼方式

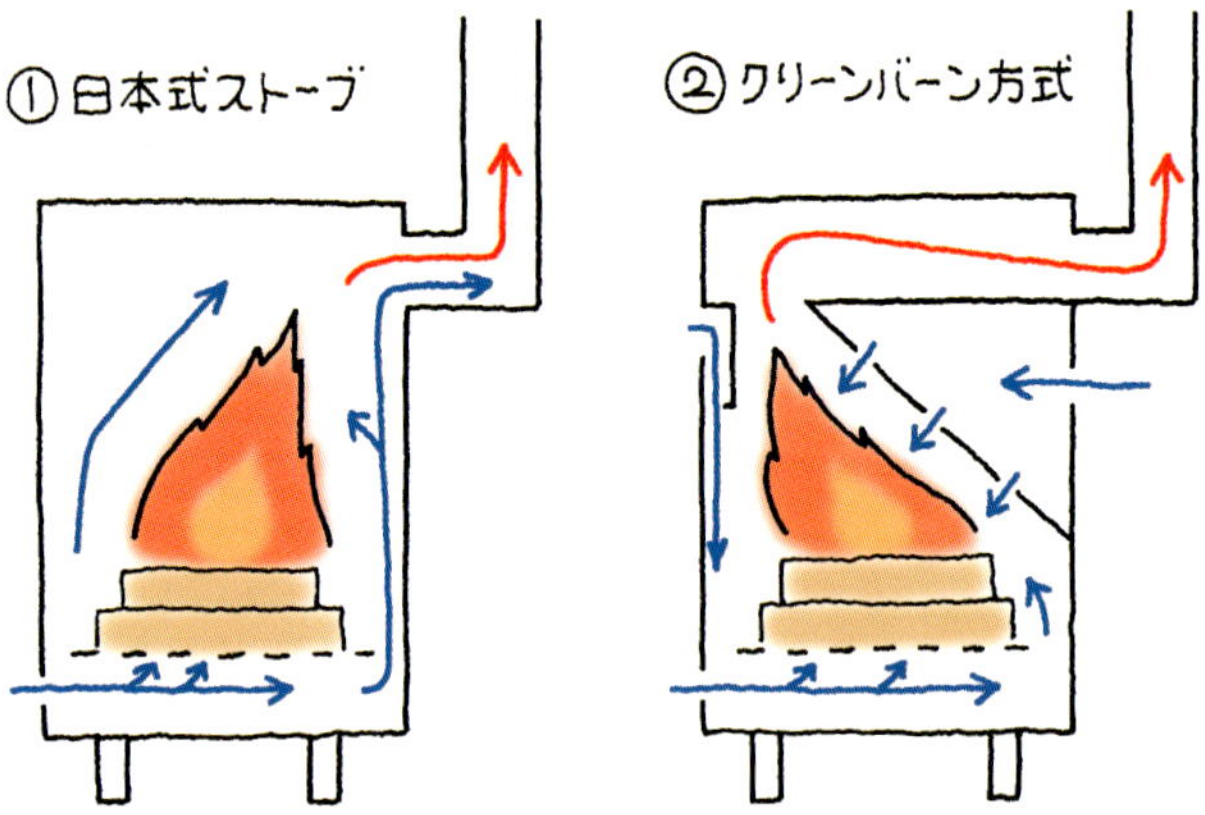

日本式ストーブは燃焼室と煙突をつないだだけのかまどと同じような構造。クリーンバーン方式は、燃焼室に２次空気を送り込み、木質ガスを２次燃焼させられる

私たちは、「木が燃える」ということを漠然ととらえていますが、よく観察してみると、燃えているのは「木」そのものではありません。熱で木から出た有機化合物の「木質ガス」や一酸化炭素、炭になった木の炭素など。薪ストーブの中では、こんないろいろな燃料が出たり燃えたりする反応が同時に起きているのです。

そもそも燃焼の三要素は、「燃料」と「酸素」と「温度」です。この三つの条件をうまく調整すれば、木を燃やして出てくるものは、灰と二酸化炭素と水だけになるはずです（厳密には、他の物質もできますが）。

真似ていたのは見かけだけだった

こうして理解し始めた知識をもとに、安い鋳物ストーブの改造に取りかかりました。改造にあたっての基本的な考え方は、函体（薪ストーブ本体）の中で完全燃焼させるようにすることです。

例の鋳物の薪ストーブを分解すると、見た目こそクリーンバーン方式の外国製を真似てはいるものの、発生した木質ガスが直接煙突に吸い込まれる、日本式ストーブの構造でした。これでは、木質ガスが煙突内部で燃焼して煙突が高温になるし、燃え残りは木酢液やタール、ススとなって、煙突に付着します。これが、毎週煙突掃除をしなければならなかった原因でした。

完全燃焼を目指し、三年がかりで行なった改造は、以下の四点です。

①天井の反射板の隙間をふさぐ
②空気穴の拡大・新設・調整
③排気ダンパーの穴を広げる
④本体つなぎ目の余計な隙間をふさぐ

おかげで二次空気の噴き出し口の炎は、ガスコンロのような青い炎になり、煙突掃除もシーズン中一～二回で済むようになりました（その代わり、木酢液はまったくとれなくなってしまいましたが）。煙突からは煙がほとんど出ません。外国製の高いストーブでなくても、きちんと燃焼する構造にさえなっていれば、何ら遜色なく機能してくれるようになりました。

大事なのは燃焼構造

快適な薪ストーブにとって必要なのは、ブランドや価格が高いことではありません。たとえ数千円のブリキのストーブでも、きちんとした燃焼構造さえ備えていれば、むしろ鉄板が蓄熱しない分すぐに暖かくなるし、気軽に薪ストーブを楽しむことが可能だと思います。

今回の東日本大震災でライフラインが止まったときも、暖房に関しては普段と同じ状態で暮らせました。なにより燃料が自給できるので、安心感がありました。（岩手県一関市）

＊二〇一一年十二月号「安物の薪ストーブを改造してわかった完全燃焼のしくみ」

鋳物ストーブの概略図

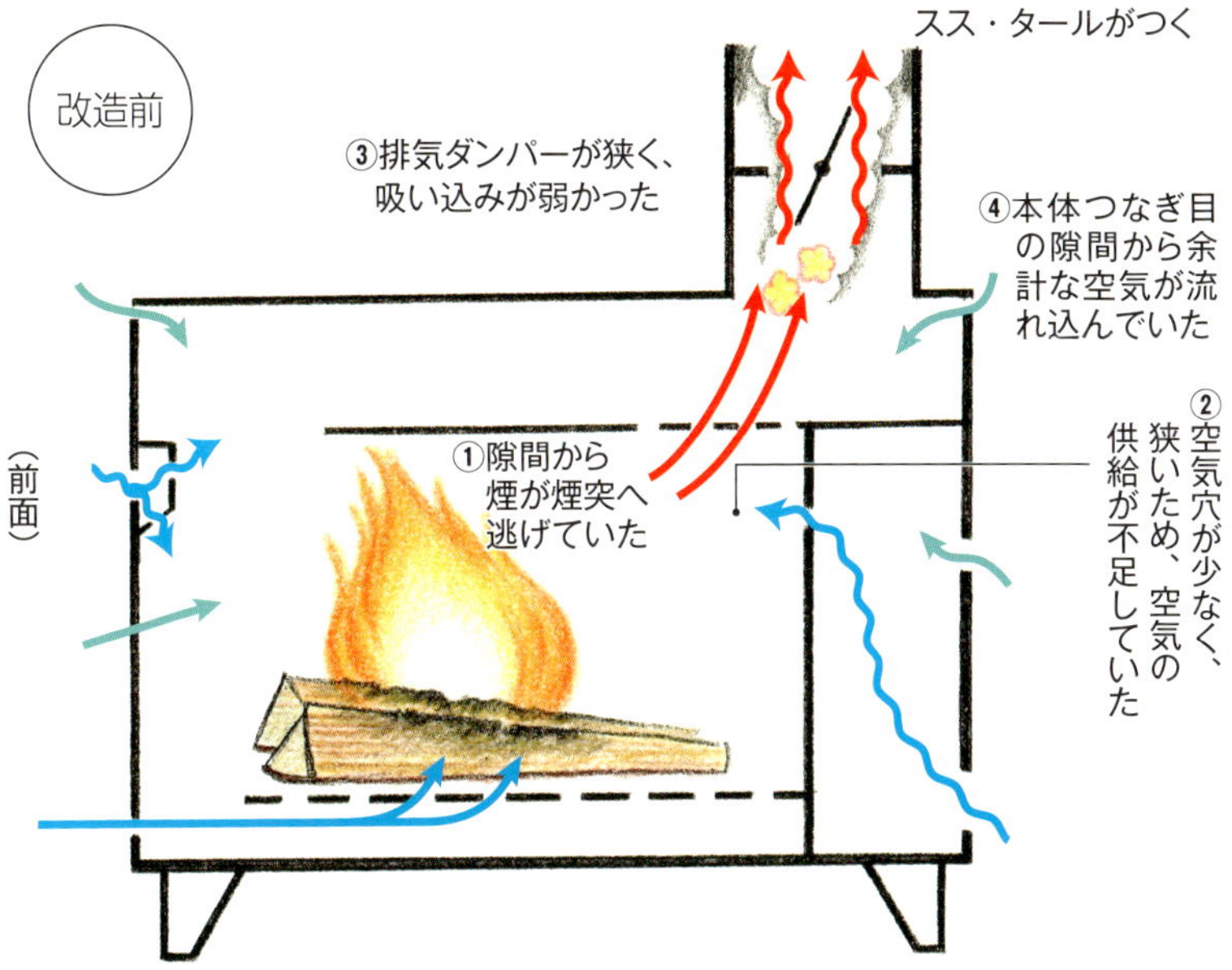

改造前
ススｎ・タールがつく
③排気ダンパーが狭く、吸い込みが弱かった
④本体つなぎ目の隙間から余計な空気が流れ込んでいた
①隙間から煙が煙突へ逃げていた
②空気穴が少なく、狭いため、空気の供給が不足していた
（前面）

改善点は４カ所。
①天井反射板の隙間をふさいだ
②空気穴を拡大・新設・調整
③排気ダンパーの穴を広げた
④本体つなぎ目の隙間をふさいだ

以上の改善で吸い込みは強くなって排気もスムーズ、本来のクリーンバーン方式のように燃焼が進み、タールやススも溜まりにくくなった

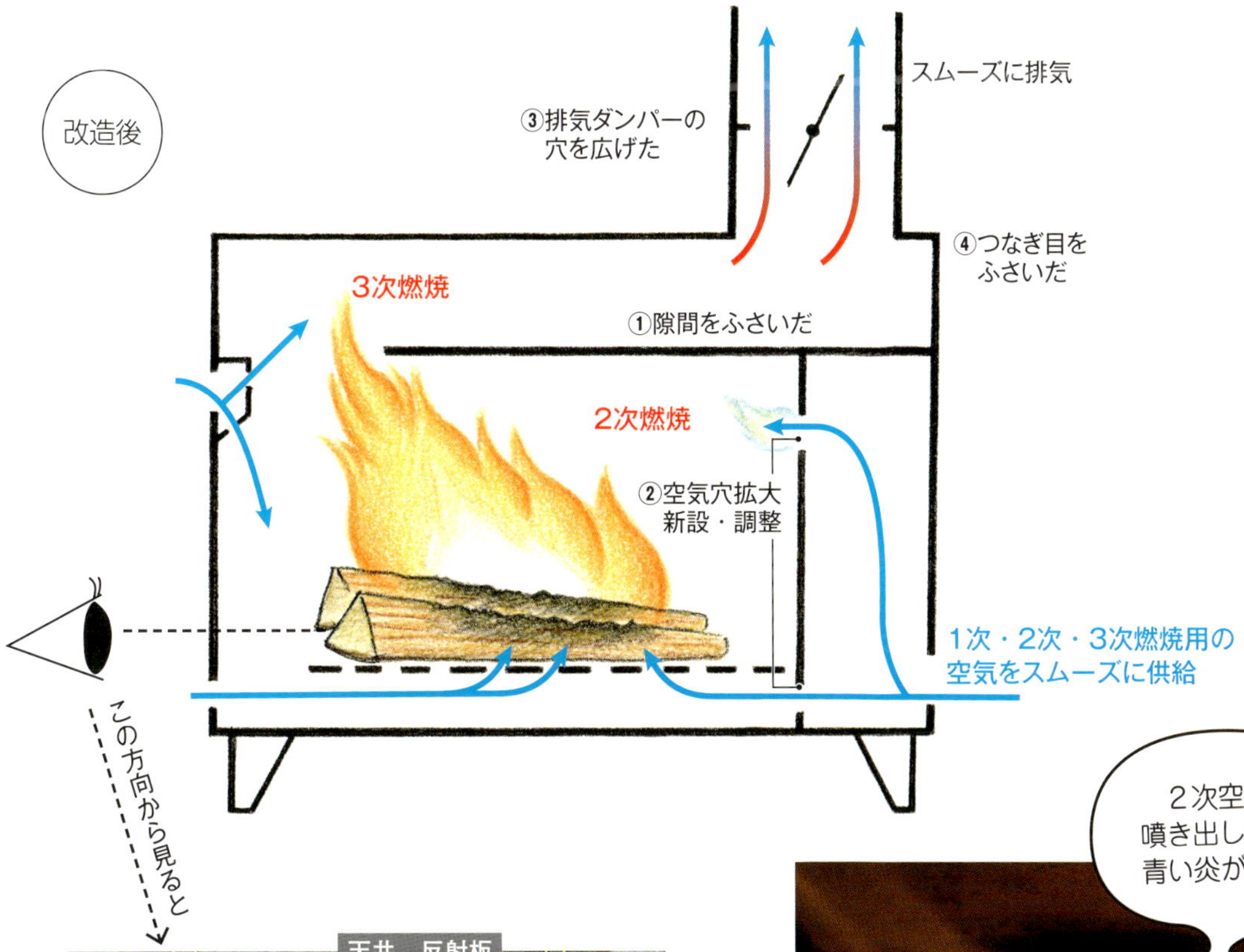

改造後
スムーズに排気
③排気ダンパーの穴を広げた
④つなぎ目をふさいだ
3次燃焼
①隙間をふさいだ
2次燃焼
②空気穴拡大
新設・調整
1次・2次・3次燃焼用の
空気をスムーズに供給
この方向から見ると

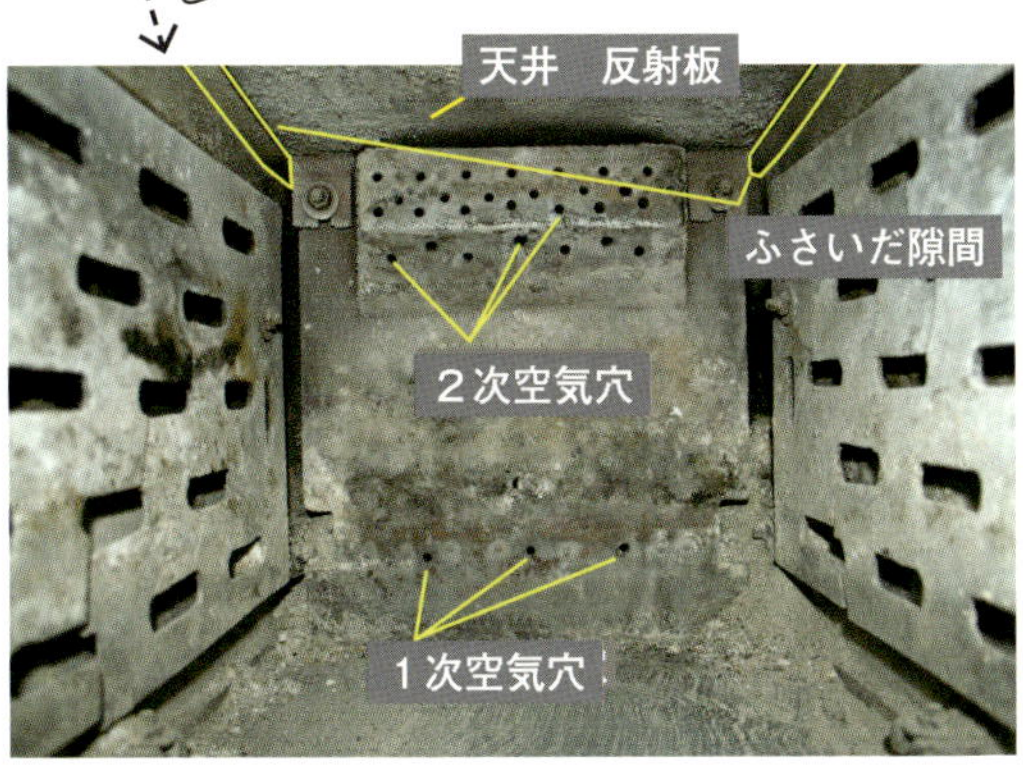

天井　反射板
ふさいだ隙間
２次空気穴
１次空気穴

改造後の燃焼炉内。１次空気供給用の穴を新設、２次空気穴の直径は大きくし、間隔を調整した

２次空気の
噴き出し口から
青い炎が出た！

改造後の燃焼

煙突をつける

時計型ストーブ
ダルマ型ストーブ
かまど　　　など

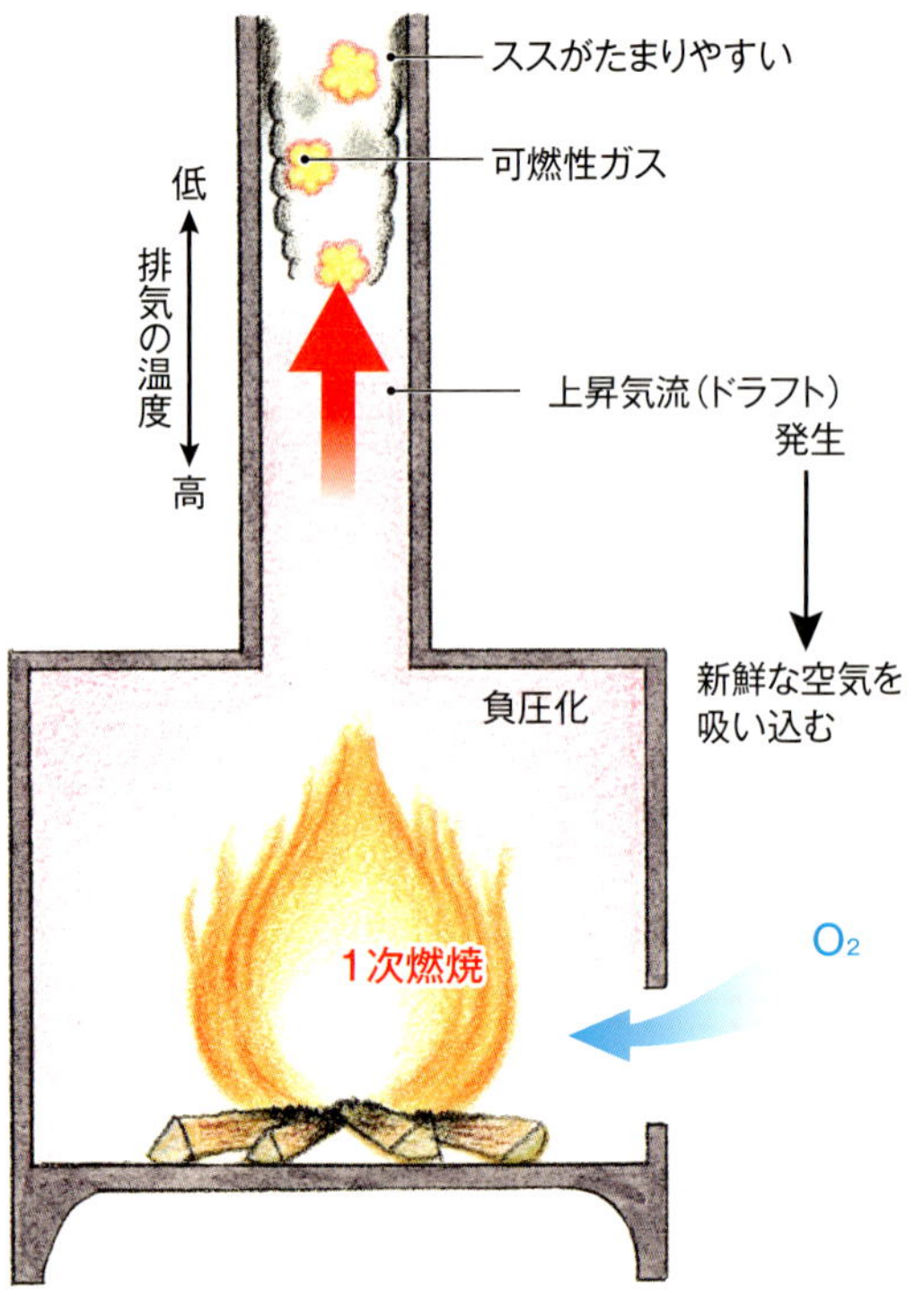

焚き火を燃焼容器で覆い、煙突をつけてやると、暖められて軽くなった空気が煙突の中を上り、上昇気流が生まれる。すると、燃焼容器の中の圧力が低くなるため外から新鮮な空気が吸い込まれ、薪がよく燃えるようになる。ただし煙突に引き込まれた可燃性ガスはそのまま排出されてしまうので、燃焼効率はイマイチ。

焚き火

約100℃で水分が蒸発。200℃あたりから薪の成分が分解されて可燃性ガスが盛んに発生。260℃以上で酸素と反応して引火する。これが1次燃焼。
ただし可燃性ガスの中には、600℃ほどの高温状態でないと引火しないものも多く含まれている。

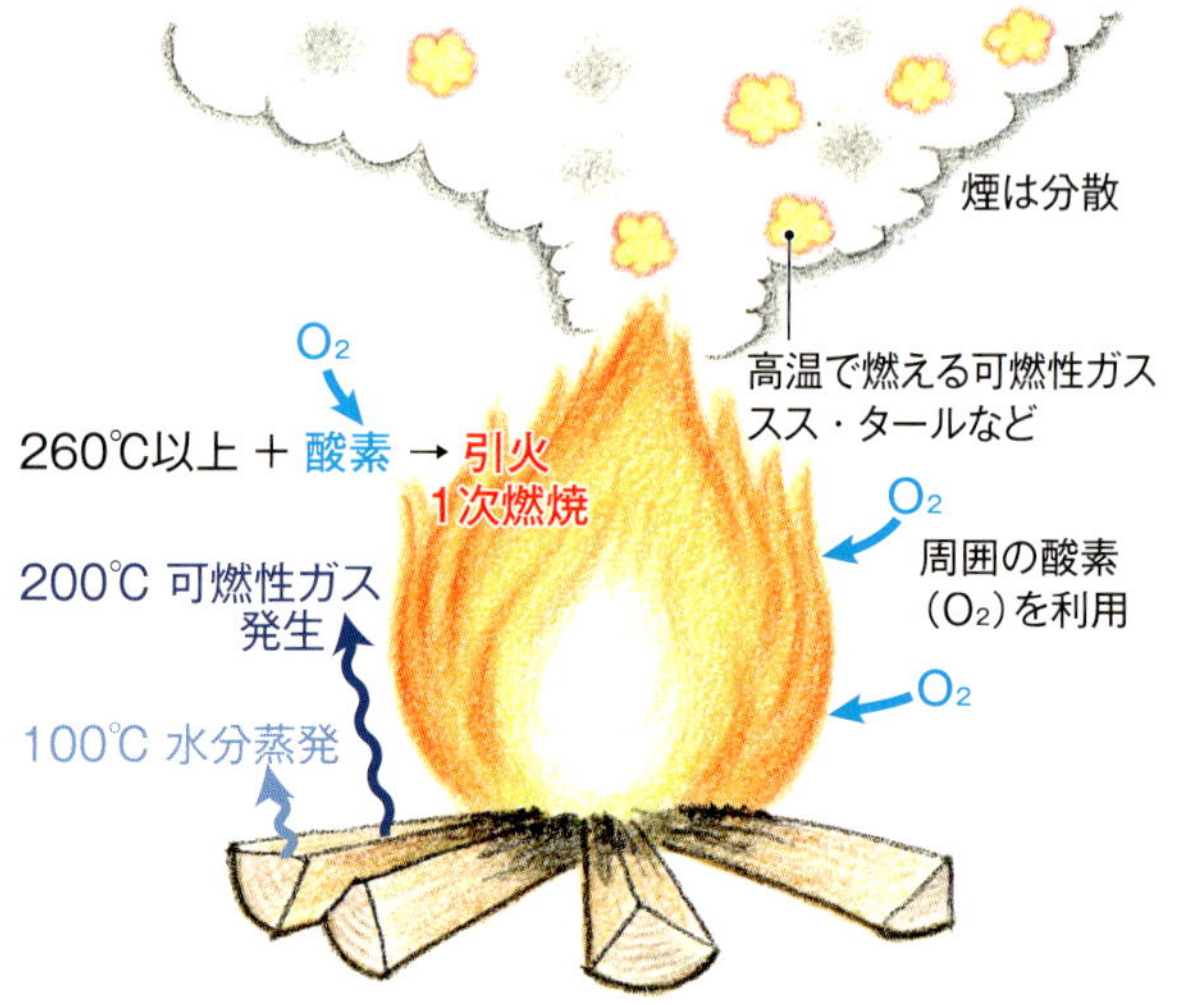

焚き火の場合、高温で燃える可燃性ガスのほとんどは、煙として逃がしてしまう。
また、うちわであおいだり、風が吹いたりしない限り、酸素も火の周りにあるものを使うだけなので燃焼効率は悪い。

なるほど

図解

これなら よく燃える

「燃える」とは、燃えるもの（**燃料**）と空気（**酸素**）と発火点を上回る**温度**があってはじめて起こる化学反応。その奥深いしくみを知れば、燃焼効率アップも難しくない。

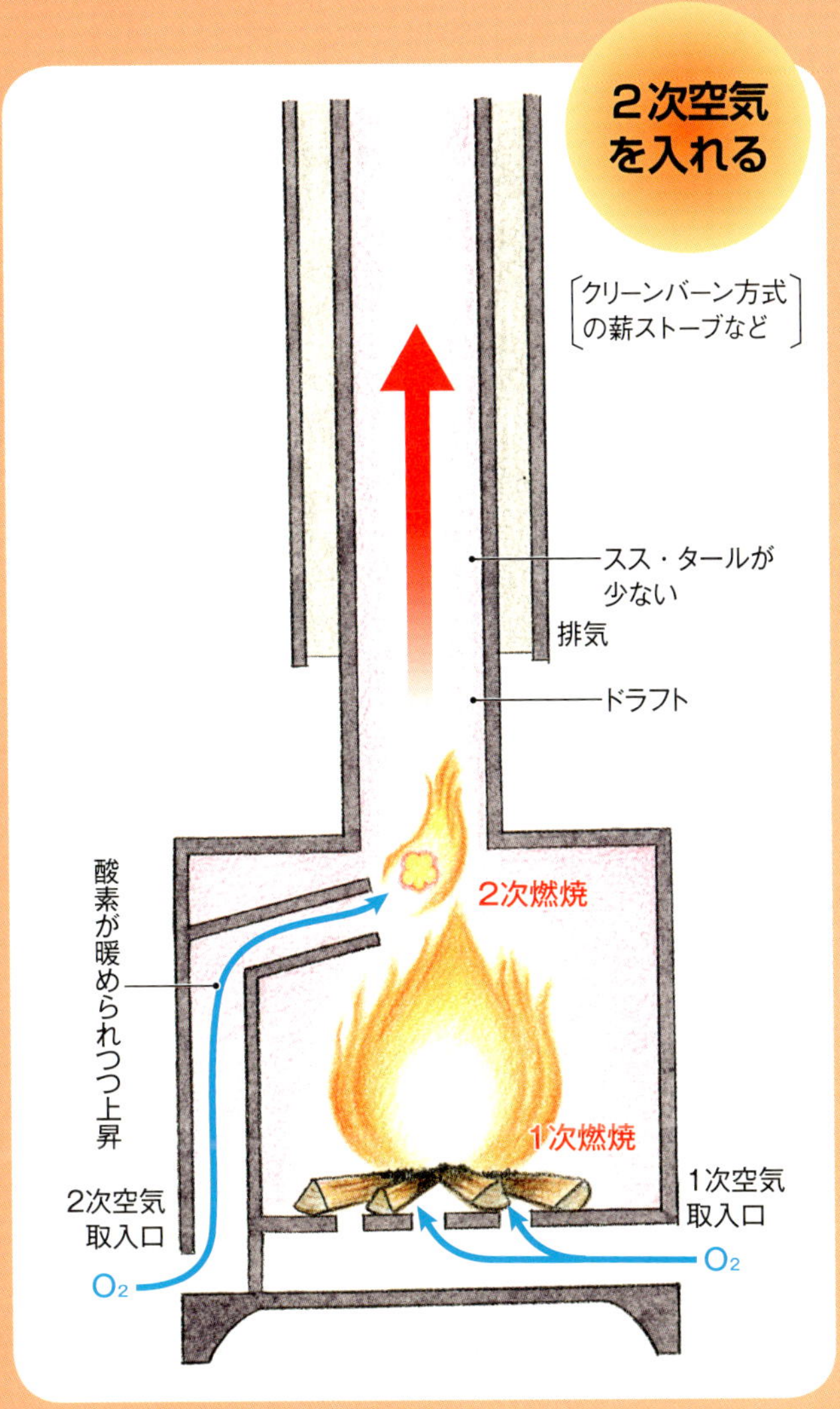

さらに、２次空気取入口もつくってやると、１次燃焼で燃えきらなかった可燃性ガスが600℃前後の高温状態で空気と出会い、再燃焼する。煙として逃がしてしまうガスが少ないので、効率のいい燃焼方式。ススやタールも付きにくい。

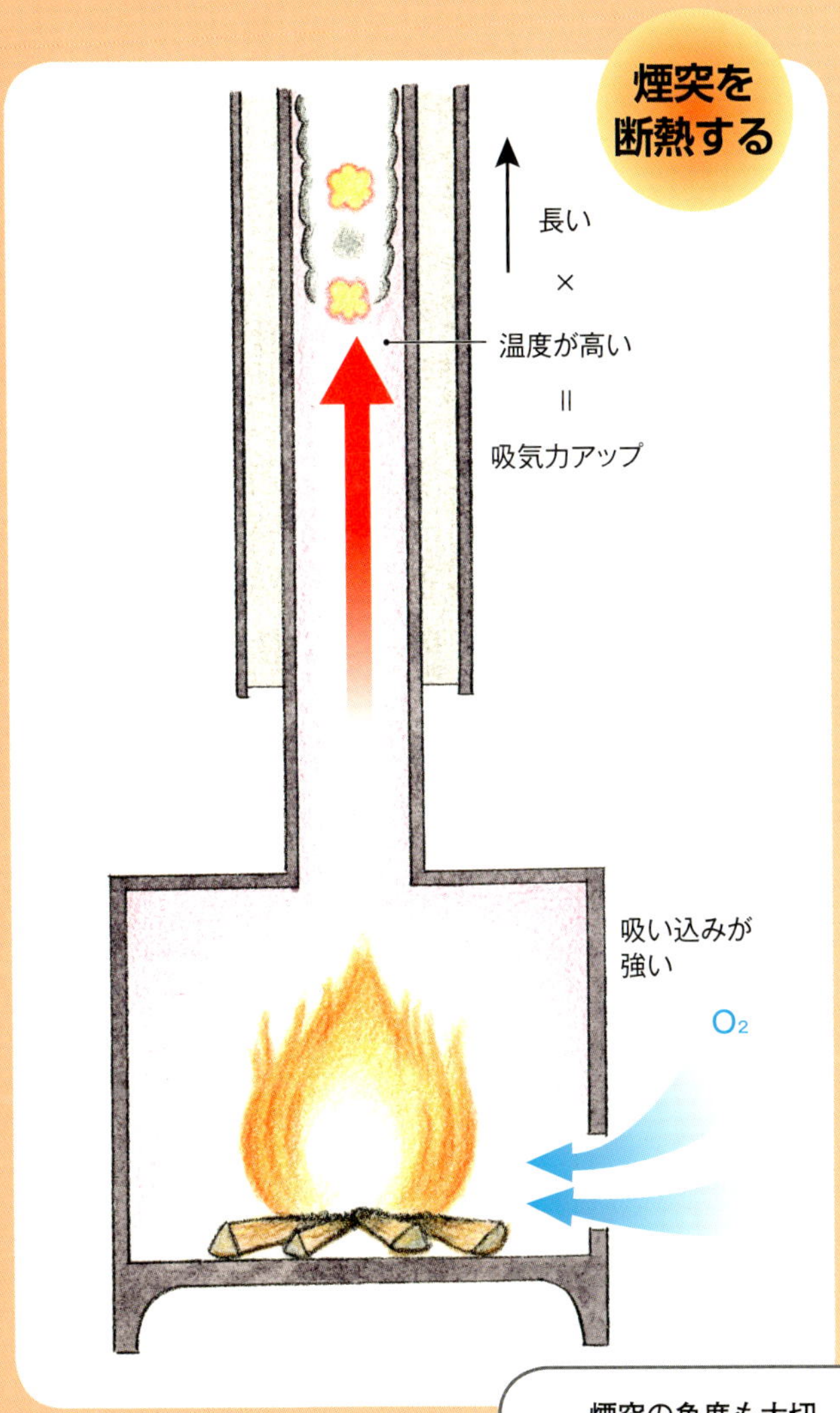

煙突を断熱して高温に保ち、垂直に長くしてやると、新鮮な空気が多く吸い込まれて燃焼効率がよくなる。煙突が空気を吸い込む力は、煙突の長さと内部の温度に比例して強くなるからだ。

煙突の角度も大切

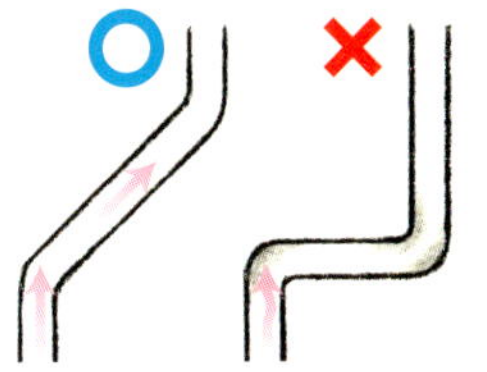

横引きにしたり極端に曲げたりすると上昇気流が遮げられる。方向を変えるなら、角度はなるべくゆるやかにしたほうがいい。

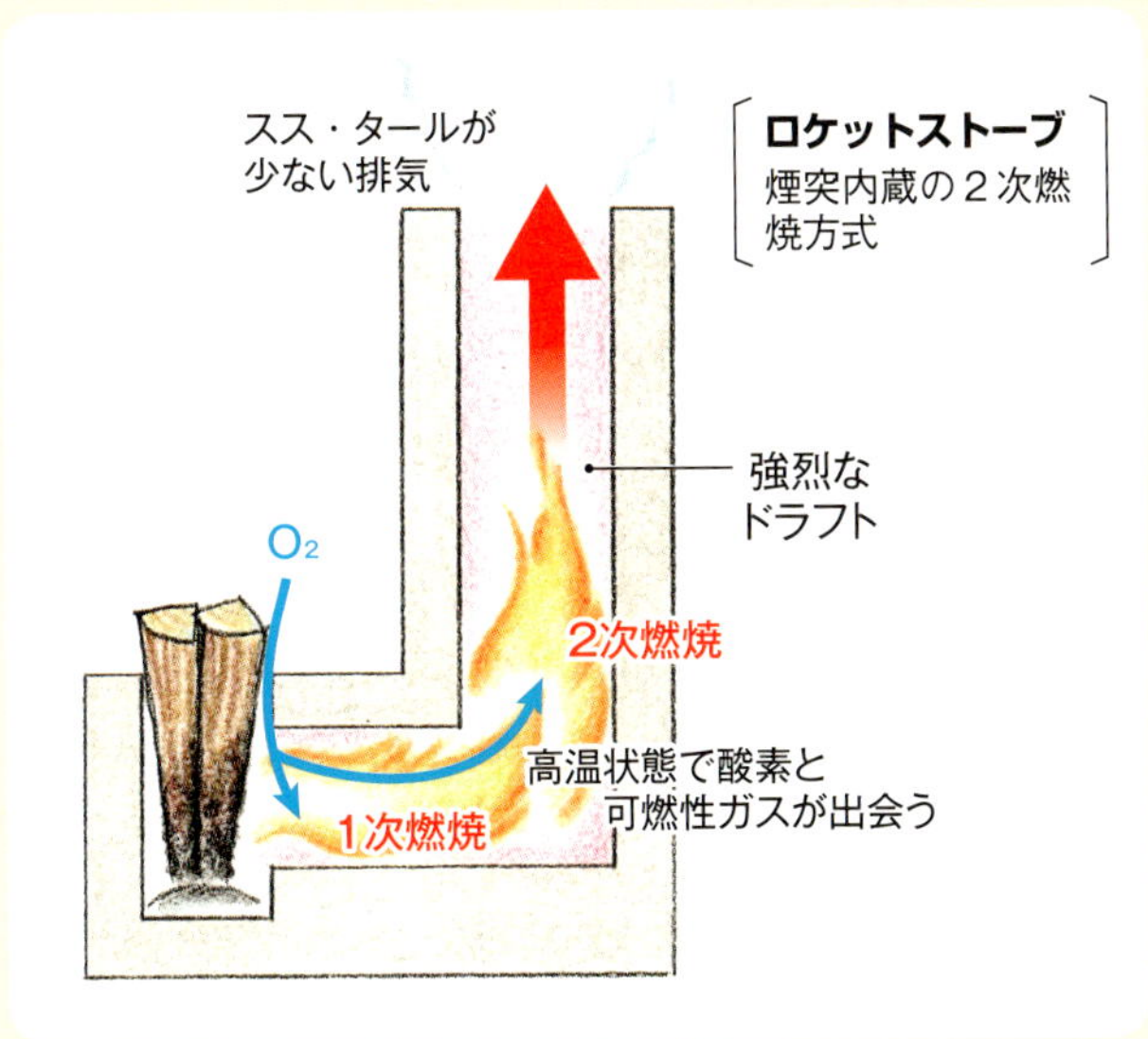

ロケットストーブは断熱煙突＋２次燃焼

断熱した燃焼容器内に煙突構造を組み込むことで、強烈なドラフトが発生。酸素を熱しながら強く引き込むことで２次燃焼までもっていくので燃焼効率がいい。

愛しき時計型ストーブ

田中昭式

設置のしかた

台の部分は難燃素材（レンガ・ケイカル板・石膏ボードなど）を二重に敷き、さらに燃えカスが落ちても大丈夫なように鉄板などでカバー。横の壁にも難燃素材を設置。空気で断熱するため３㎝程度の空間を設けてからレンガなどを積み、薪ストーブを壁から40㎝以上離す

難燃素材（鉄板で強化した石膏ボード）と壁との隙間

安価だから最初の薪ストーブに最適

　和歌山県で農業を営んでいるわが家では、ミカンをはじめとした果樹のせん定枝や里山の雑木などを燃料に、時計型薪ストーブを活用しています。部屋の暖房用としてはもちろんのこと、キッチンでの豪快かまど料理や雨の日の洗濯物の乾燥などに大活躍しています。

　時計型の長所は、なんといっても安価であることでしょう。一般的に薪ストーブといえば「設置に一〇〇万円以上かかる」などといわれる高価な代物。ところが時計型ストーブは五〇〇〇円前後。「とりあえずこれで試してみよう、ダメでもともとだし……」。そんなつもりで、家族にも内緒で購入したのがこのストーブだったのです。

　最初に設置したのは、三畳土間の休憩室です。タイミングよく（?）その冬に強烈な寒波がやってきて、ミカンの選果中に雑巾が凍り付くような状況のなか、薪ストーブのありがたみがいきなり身にしみたわけです。

暖かくなるのが早い!

　鋳物ストーブなどと比べて時計型ストーブが優れている点には、素早い温度の立ち上がりもあげられます。マッチ一本で簡単に火が付いて、すぐにゴーゴーと燃え始めます。一般に、薪ストーブユーザーが感じる不満の一つが立ち上がりの遅さで、鋳物式だと本格的に暖まってくるまで最低三〇分くらいはかかります。

　時計型は薄い鉄板製なので本体がすぐに熱くなります。構造も比較的単純で煙突もよく引くため、焚き始めて数分で強烈な熱を発生します。下手な灯油ストーブよりも早いくらいです。

圧倒的火力を活かして調理に

　時計ストーブは、調理用ストーブとしても優れています。普通のかまどよりも扱いやすく高性能。ガスやIHコンロなどより圧倒的に高火力で、その調節幅も広いので、わが家では湯沸かしから和風の煮物、中華風炒め物、揚げ物などと自在に使いこなしています。

　上蓋が釜輪を兼ねるようになっているので、それを外すとかまどのように直火での利用も可能。羽釜や鍋を使うのもラクラクです。

軽いので持ち運び自在

　冬場は暖かくて最高の薪ストーブですが、夏場は無用の長物。でも時計型ストーブは、小型軽量（約六kg）で持ち運び

が簡単。災害時に野外で使う防災用品としても有望です。

　とはいえ、軽くて小型であるということは、発する熱量とトレードオフの関係になります。したがって、住宅全体の暖房には向かない（せいぜい一〇坪程度まで）のと、鋳物と比べると燃費や火持ちに劣るという欠点はあります。

　ですから、大きな空間は鋳物式やほかの暖房にまかせ、時計型は、小さい部屋や土間の休憩室、あるいはキッチンでかまどを兼ねるなど、立ち上がりの早さと直火の火力を活かす使い方がよいと思います。

煙突をどうやって家の外に出すか

　ところで、薪ストーブを設置するにあたって一番大切なのは、煙突の施工です。煙突の出来と薪の質がよくなければ、どんな高級ストーブを使っても宝の持ち腐れになってしまいます。

　煙突は、本来は一直線に屋根に抜くのが、空気の引きをよくするやり方です。しかし、既存の住宅に後付けする場合は、高価な屋根抜き部材と大掛かりな工事が必要になってしまいます。現実的には、壁抜きか簡単な窓抜きパターンが多いでしょう。わが家では、アルミサッシの窓を使って煙突を横に抜いています（時計型なら横引きは二mまで、鋳物ストーブは一m以内がお勧め）。

　また煙突も本体同様に熱くなりますから、断熱が重要です。とくに壁抜き部分は熱がこもらないように、断熱煙突と眼鏡石を使うことをお勧めします（薪ストーブによる火災の大半は、煙突が建物を貫通する部分で起きています）。

　私は、大工仕事が趣味ですので自分でやりましたが、自信のない方は大工さんなどに相談してください。断熱対策だけはしっかりと。


（和歌山県紀の川市）

＊二〇一一年十二月号「愛しき時計型ストーブ」

煙突の抜き方

サッシの窓枠に合わせた石膏ボードに穴をあけ、壁抜き部材を取り付けた。夏は枠ごと取り外せる。

厚みのある壁を抜く場合には、貫通部分に熱がこもりやすいので、必ず眼鏡石を使い、断熱煙突にしたほうがいい

外には自作した断熱煙突を設置したところも。煙突内温度が下がりにくく、空気の引きもよくなる

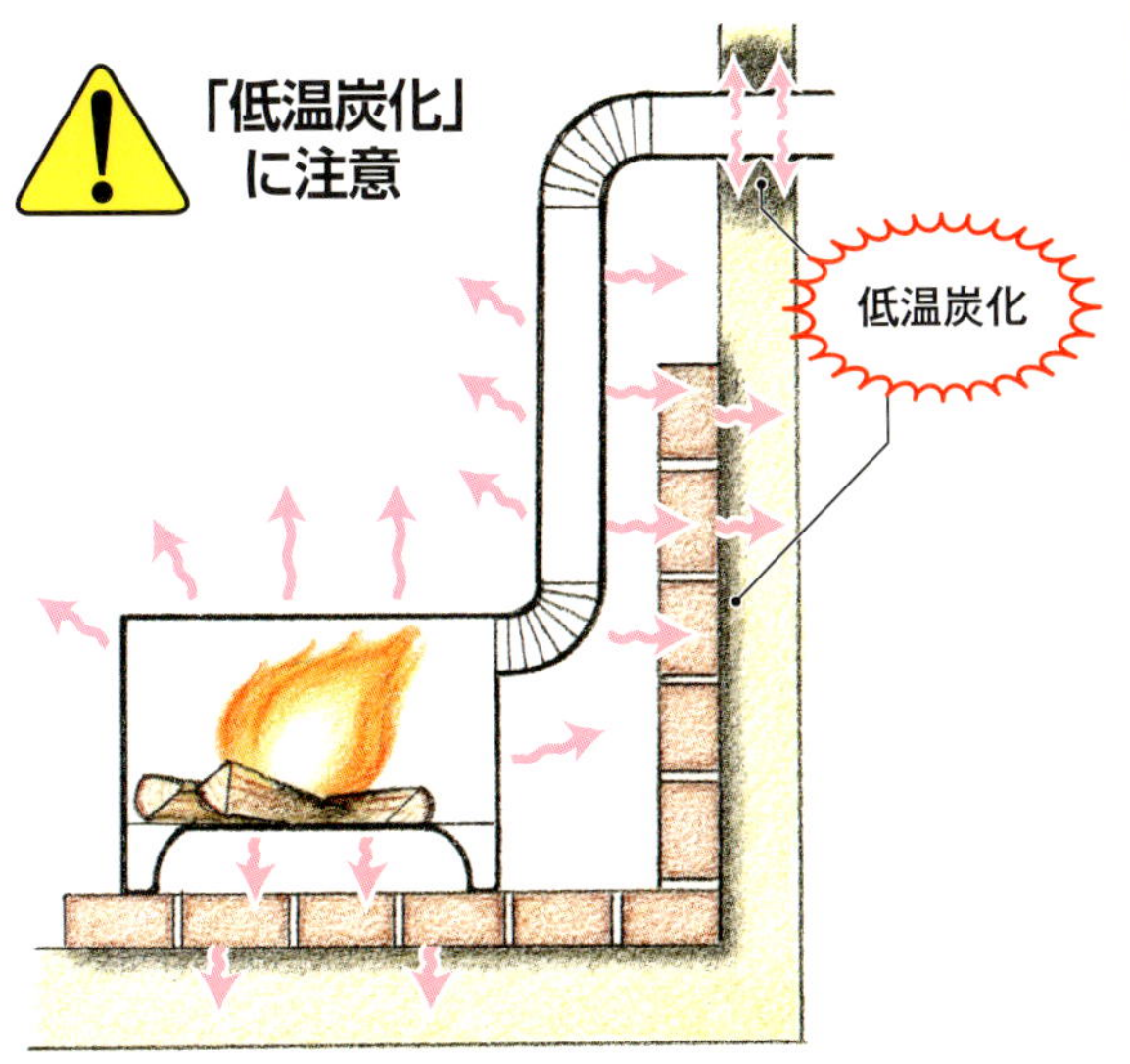

木材に火がつくのは、260℃以上の高温になってから。ところが100℃くらいの温度でも、長時間さらされると木材の炭化が進んで着火点が下がり、火がつくことがある。薪ストーブによる火災は、この「低温炭化」が原因であることが多い。設置の際には、周辺や煙突周りの遮熱・断熱に十分注意したい。 編

集合！いろんな薪ストーブ

燃焼方式がさまざまあるように、
薪ストーブにもいろいろなタイプがある。
予算、設置場所、入手できる薪の種類や量などの
条件に応じて満足のいくものを選びたい。

時計型ストーブ

鉄鋼製。6～10kgほどで持ち運びに便利。鉄板が1.2㎜と薄いので熱伝導がよく、点火すれば輻射熱ですぐに暖まれるのがいいところ。上から見ると柱時計のような形をしているのが特徴で、ストーブの上で煮炊きもできる。本体は4000～6000円とお手ごろ価格、煙突や炉台などを入れても2万円でおつりがくる。ちなみに卵型ストーブも同タイプ。

ダルマ型ストーブ

どこかノスタルジックな雰囲気を醸し出す、これぞ元祖・日本の薪ストーブ。鋳物で熱に強く冷めにくい。もともとは石炭やコークスを燃料にしていたが、薪にも適している。ただし2次燃焼はしないタイプ。本体価格は4万～6万円ほど。

欧米型ストーブ

鋳物と鉄鋼の2つのタイプがあり、鋳物は熱に強く冷めにくいので輻射式のものが多く、鉄鋼製は加工しやすいのでデザイン性に優れる。いずれも2次燃焼型で、排気はクリーン。1時間当たりの排気煙量が4.1～7.5ｇ以内という欧米の厳しい排煙規制の基準をクリアしているものが多い。価格は30万～80万円、煙突・工事費を入れると120万円くらいが相場。有名メーカーには、ノルウェーのJOTUL（ヨツール）やアメリカのDutch west（ダッチウエスト）などがある。

～針葉樹も燃やせる～
注目の国産薪ストーブ

かつては「価格は安くても燃焼効率が悪くて使いにくい」イメージだった国産薪ストーブ。ところが薪ストーブ人気の高まりとともに、欧米型に勝るとも劣らない高性能ストーブが続々登場。とくに最近は、日本中の山にたくさんある針葉樹(※)でもガンガン燃やせるタイプが注目を集めている。

※針葉樹は油分が多く火力が強いので、広葉樹の薪をくべたときより炉の表面温度が100℃ほど高くなる。そのため、ストーブが変形したり、ヒビが入りやすいといわれている。

「Ritsh（リッシュ）」

滋賀県東近江市の鍛冶屋・安川昌樹さんが開発した、針葉樹のなかでも特に火力が強いマツも燃やせる薪ストーブ。本体の鉄板が9㎜と分厚く頑丈で、600℃まで耐えられる耐熱塗料と耐熱ガラスを施した。火力は強いが火の持ちが悪い針葉樹の特徴を生かすため、蓄熱に優れる溶岩石の板を炉内に取りつけ、温まりやすく冷めにくい構造にした。欧米型と同じように2次燃焼方式も採用、排煙も少ない。

本体価格：33万6000円（煙突・施工費除く）
●問い合わせ先
鍛鐵工房　室（むろ）
滋賀県東近江市鯰江町2180-2　TEL0749-46-8739

「AGNI（アグニ）」

岐阜市の老舗鋳物屋・㈱岡本が開発した鋳物の薪ストーブ。早く燃え尽きやすい針葉樹の弱点を克服するため、2次燃焼方式に触媒を組み合わせた「ハイブリット構造」を採用。空気量を絞った状態で燃えきらなかった可燃性ガスも、触媒を通して再燃焼させるので、針葉樹を長時間燃焼させることができる。天板に3つの調理用グリドルを備え、炉内にピザプレートも取り付けられるなど、調理機能も充実。

本体価格（ブラック）：55万円（税別。煙突・施工費除く）
●問い合わせ先
株式会社　岡本　e-mail：nbk@ons.co.jp
岐阜市曖町5番地　TEL058-271-7251

「IILA（イーラ）」

「無煙薪ストーブ」の発明で知られる長野県千曲市の薪ストーブメーカー・㈱モキ製作所が開発した「斜め燃焼式」薪ストーブ。薪を斜めに置くため着火が速く、また背面から2次燃焼用の空気、正面ガラス上部から3次燃焼用の空気を供給して900℃の高温燃焼を持続、外見はコンパクトだがすぐに部屋が暖まる。また煙公害による近隣トラブルの心配もない。鋼板素材で高熱に強く、スギやマツもどんどん燃やせる。

本体価格（ブラック）：34万6500円（税別。煙突・施工費除く）
●問い合わせ先
株式会社　モキ製作所
長野県千曲市内川96　TEL026-275-2116

「AURORA シリーズ」（オーロラ）

新潟の住宅メーカー・㈱夢ハウスがつくった薪ストーブ。2次燃焼方式を採用、燃焼炉を鋼板で二重に囲うことで、針葉樹の高温燃焼にも耐えられる構造になっている。大きなガラス扉を通してオーロラのように不思議な炎を楽しめることも特徴。燃焼室とカバーの間に空気層があり、壁に面した部分の表面温度を抑えた構造で設置も簡単。上部に熱交換機を組み込み、別室の暖房や給湯までできるタイプもある。

本体価格：
32万～79万6000円
（税別。煙突・施工費除く）
●問い合わせ先
株式会社　夢ハウス
新潟県北蒲原郡聖籠町
三賀288
TEL0254-21-5511

薪ボイラー
これ一台で風呂も床暖房もモミ乾燥も

大橋鉄雄

わが家のウッドボイラーの使い方

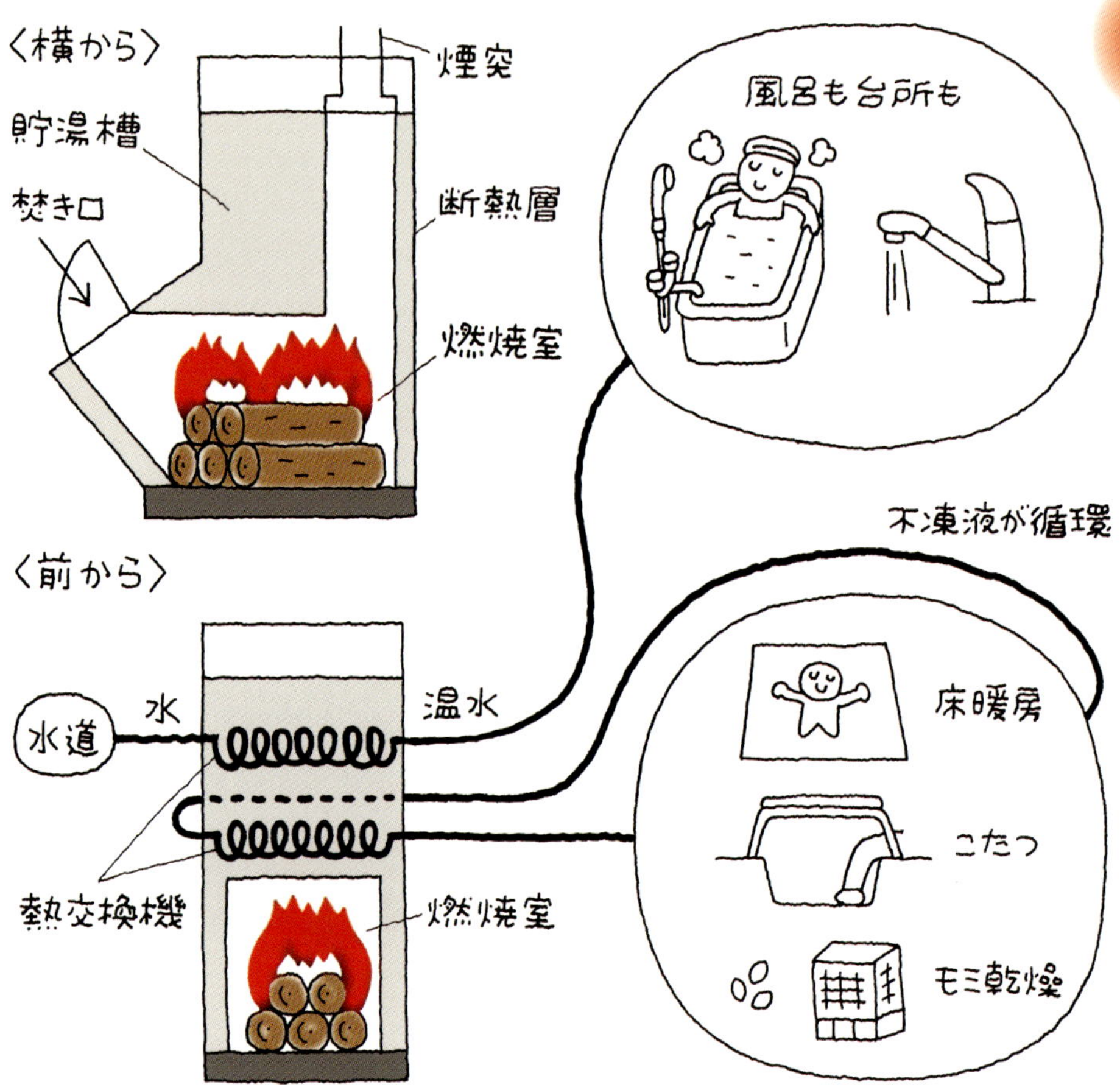

お湯が使いたい放題、床暖房も

ウッドボイラーは、本当にすばらしいです。平成八年に「現代農業」で知り、うちにも取り付けました。風呂のお湯、炊事場のお湯、使いたい放題です。また、床暖房にも利用しています。

ウッドボイラーの仕組みは、薪を燃やす燃焼炉の上に二〇〇ℓの水が入った貯湯槽があり、熱交換機が二つ浸かっているだけです。そこから配管して、ひとつは風呂と炊事場へ。もうひとつは不凍液が流れていて床暖房パネルにつながり、また戻ってきて循環しています。

筆者とウッドボイラー（エーテーオー株式会社製。名古屋市北区志賀町5-17 TEL052-915-4311）

焚き口は大きく、直径三〇㎝の丸太でも割らずに入れることができます。よく燃えて火の引きもよいので、煙突掃除を忘れてしまうくらいです。

薪は、冬場に山仕事をするのでたくさんあります。うちで丸太を板や角材に製材すると、最後にのこくずと背板が出ます。これが貴重なエネルギーです。丸太で市場に出荷しても材価は安いのですが、製材して産直すれば材価も上がり、残りは燃料に使え、本当におもしろいです。

薪のほかにも、家庭の紙ゴミ、生ゴミもエネルギーです。

掘りごたつにも、モミの乾燥にも利用

床暖房は、十一月下旬頃から使用します。冬はとっても暖かく、気持ちのよいものです。灯油ストーブは使いません。

床暖房パネルに向かうお湯（不凍液）をホースで枝分かれさせて、別の部屋の掘りごたつの中にも引き込んでいます。ホースを軽自動車のラジエターにつないで、足の下に置いています。電気を使用しないでこたつが暖かくなります。

さらにおもしろいのが、床暖房用のお湯をモミの乾燥にも使うことです。イネ刈りをするのは十月。まだ暖房は必要ありません。掘りごたつへ流れるお湯はコックを閉めて止めておき、床暖房への配管をつなぎなおしてお湯をホースで乾燥機までもっていきます。そこにラジエターをつなぎ、乾燥機の外気を吸引するところに下げておくだけです。五〇～五五度を維持するので、制御装置が働いて、灯油の使用量が半分で済みます。もう少し工夫すれば、灯油を使用しないでモミの乾燥ができるかもしれません。

（福岡県八女市）

＊二〇〇八年十二月号「ウッドボイラー　これ一台で風呂も床暖房もモミ乾燥も…」

完全燃焼型の国産薪ボイラー
「ガシファイアー」

ガシファイアー。製造は㈱アーク：新潟市秋葉区程島1962-3　TEL0250-23-5374

最近、各地の公営温泉施設などで導入され、「燃料代が減った！」と評判の薪ボイラーが、新潟市・㈱アークの「ガシファイアー」。

その最大の特徴は、高い燃焼効率。上下に燃焼室があり、上段の１次燃焼室に薪（最大1.1ｍの丸太も可能）を投入すると、600～800℃の高温で燃焼。さらに発生した可燃性ガスを排気ファンで下段の２次燃焼室に送り込んで再燃焼する。このときの温度、なんと1000～1200℃。含水率の高い未乾燥の間伐材も、ガンガン燃やせる。

ガシファイアーを導入した山梨県道志村の村営「道志の湯」では、重油で年間1700万円ほどかかっていた燃料代が、1200万円に激減。しかも村内の自伐林家から買い取る間伐材（Ｃ材）を使えるので、村の中でお金を回せるようになった。

ヌカ釜の特徴は、強い火力
(田中康弘撮影、以下も)

モミガラだって燃料だ ヌカ釜

ご飯が 早く おいしく 炊ける
ヌカ釜はやめられない

福島市・佐藤イネさん

地震発生!
翌朝から温かいご飯が食べられた

二〇一一年三月十一日の大震災。福島市の被害も大きかった。でもイネさんは、停電対策の電池とロウソクを買うために町中を探し回ったものの、お風呂やご飯の心配はまったくしなかった。なぜなら、イネさんの家のお風呂は薪風呂。薪は屋敷まわりのスギの木でいい。そしてご飯は、いつもモミガラを燃やして炊いているからだ。

この「ヌカ釜」というかまど、佐藤家ではお義母さんの頃から使っているのだが、今回の地震で電気もガスも止まったなかで大活躍したのだった。

地震の翌日も停電していたが、イネさんはいつものように朝起きてすぐにヌカ釜に向かった。モミガラを入れたら、スギの葉に火を

ヌカ釜にモミガラを入れるイネさん。量は、お米2升なら一斗缶に1杯、1升なら八分目

つけて釜の内側の筒に入れるだけ。あとはものの二〇分ほどでご飯が炊きあがる。嫁いで以来、毎朝の日課だったが、この日は改めてありがたいなとイネさんは思ったそうだ。

燃料代がタダ

ヌカ釜は、イネさんの実家（福島県旧東和町）でも使っていたそうで、イネさんにとっては珍しくもなんともない。しかし見渡せばいつの間にか、まわりはみんな電気炊飯器に替わってしまった。佐藤家にも電気炊飯器はあるのだが、もっぱらヌカ釜で炊いたご飯の保温用で、炊くことはない。

「ヌカ釜なら燃料がタダなんだよ。そのモミガラをみんな燃やしてる。捨てないで燃料に使えば、原発なんていらねえぐらいだよ」と言うのは旦那さんの治夫さん。

佐藤家では水田二町歩ぶんのモミガラが毎年でる。そのうちヌカ釜に使うのは全体の三分の一ほど。ヌカ釜に一年使っても余るほど、燃料のモミガラはたくさんあるのだ。

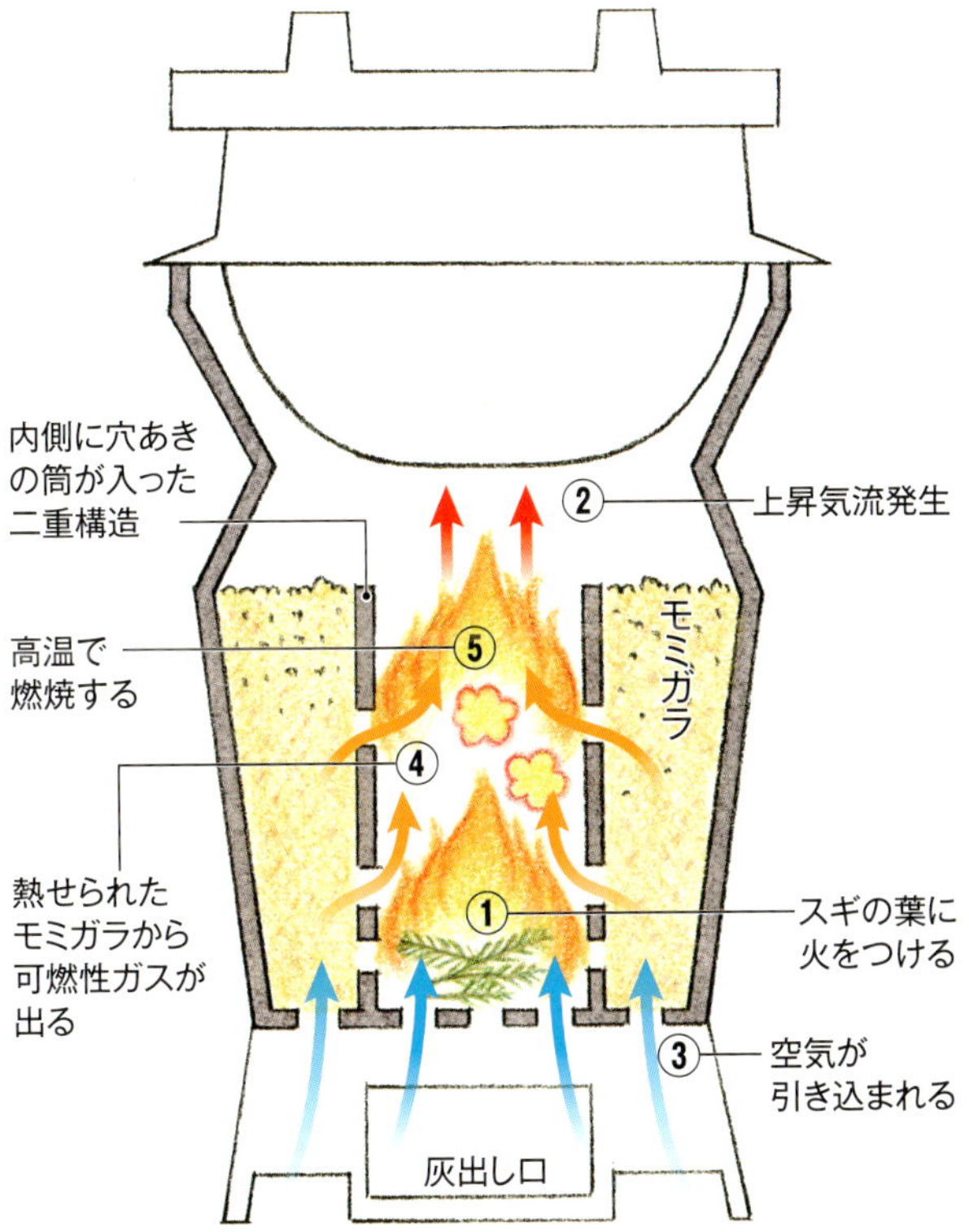

ヌカ釜は、モミガラそのものを燃やすのでなく、モミガラから出る可燃性のガスを高温で燃やし続けるかまど。だから大量のご飯でも強火で素早く、おいしく炊きあがる

ご飯がおいしくて、たくさん炊ける

ヌカ釜の魅力はそれだけじゃない。

「うちでは農協に供出した残りの二番米を食ってるんだけど、炊飯器で炊いた一番米よりうまいんだ。嫁いだ娘が来ると、うちと同じ米を炊いてるのにヌカ釜のご飯のほうがおいしいって言うんだよ」と治夫さん。

たしかに、ヌカ釜で炊いたご飯はつやつやと輝き、食べると一粒一粒がふっくらとしていて甘い香りがする。

ヌカ釜は一度にたくさん炊けるのもいい。もともと地主だった佐藤家には雇い人が住み込んでいたそうで、家族も多く、ご飯をたくさん炊く家だったようだ。治夫さんとイネさんの子どもも五人と多い。三人暮らしとなった今は一升炊くと多いくらいだが、直売所用におにぎりやもちを作るときには羽釜で二升炊くので、やはりヌカ釜は欠かせない。 編

*二〇一一年七月号「ご飯がおいしく炊けるヌカ釜はやめられない」

オイル缶ヌカ釜を自分でつくる

長野県池田町・臼井健二さん

ヌカ釜を現代に、もっと手軽に楽しみたいとの思いで、オイル缶でヌカ釜づくりに挑戦した臼井さん。「再再再再わからないくらいのチャレンジ」で、ついに成功したというオイル缶ヌカ釜のつくり方を大公開！ 編

臼井健二さんとオイル缶ヌカ釜。昔ながらのヌカ釜の仕組みを真似た二重構造

オイル缶ヌカ釜の部品。外側は20ℓのオイル缶。内側の燃焼筒はオイル缶直径の半分（約15㎝）のケチャップ缶２つの底をくり抜き、合わせて24㎝になるように切ってつないだもの。火を燃やし続けるため、穴の位置や大きさを試行錯誤した結果、現在の形に辿り着いた。燃焼筒のフタは、オイル缶のフタを切って作製

オイル缶ヌカ釜炊飯の段取り

1. モミガラを燃焼筒の周りにフチまで入れる
2. 火をつけたスギ葉と木切れを燃焼筒に入れて着火
3. 火が安定したら羽釜を載せる（沸騰まで約５分）
4. 釜の中の水分がなくなったら火から下ろす（水分がなくなるまで約５分）
5. 蒸らし10分で、炊き上がり

※（ ）内の時間は１升釜で６合の米を炊いた場合

燃焼筒内で着火すると、オイル缶の底のほうから引き込まれる外気と一緒にモミガラから出る可燃性ガスが燃焼筒内に流れ込み、大きな炎を上げる

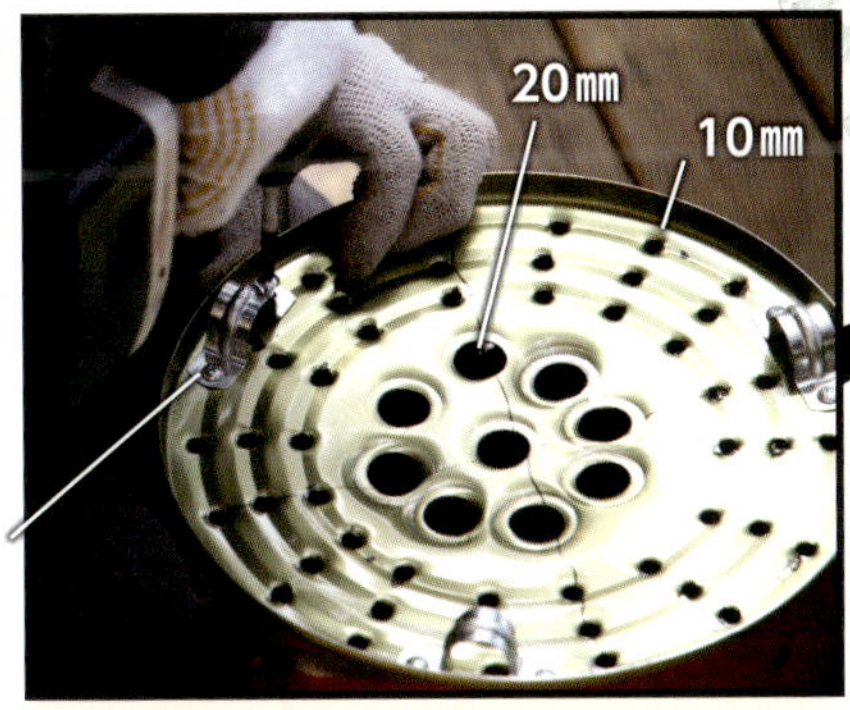

オイル缶をひっくり返したところ。よく空気を吸い込めるよう、放射状にたくさんの穴を開ける。また置いたときに下に隙間ができるよう、サドルバンドを３カ所に取り付ける

沸騰してしばらくしたら、こめかみに棒を当てて釜の中の音を聞く。火力が強いので、グツグツという音が消えて釜の中の水分がなくなったら羽釜を火から下ろすのが、焦がさず炊くコツ

オイル缶ヌカ釜で炊いたご飯。無数に開いた蟹穴は強火でおいしく炊けた証拠

木クズひとつかみでお湯が湧く

ウッドガスストーブ

長野市・小池雅久さん

小池雅久さんがつくった「ウッドガスストーブ」は、２次燃焼をうまく利用して薪から出る可燃性ガス（ウッドガス）をおもな燃料とするコンロだ。ほんのひとつかみの木クズで、約1.5ℓのお湯を数分で沸かせる。驚異の燃焼効率だ。

本体の構造はいたってシンプル。穴をあけた大小（3ℓと1ℓ）のペンキ缶を重ね合わせるだけ

小さい缶には、底面にも均等に穴（6㎜）をあける

ウッドガスストーブでお湯を沸かす

小池雅久さん。美術作品制作のかたわら、ロケットストーブをはじめ、さまざまな薪ストーブを自作する燃焼マニア。つくり方を伝えるワークショップも開催する

ウッドガスストーブの燃焼のしくみ

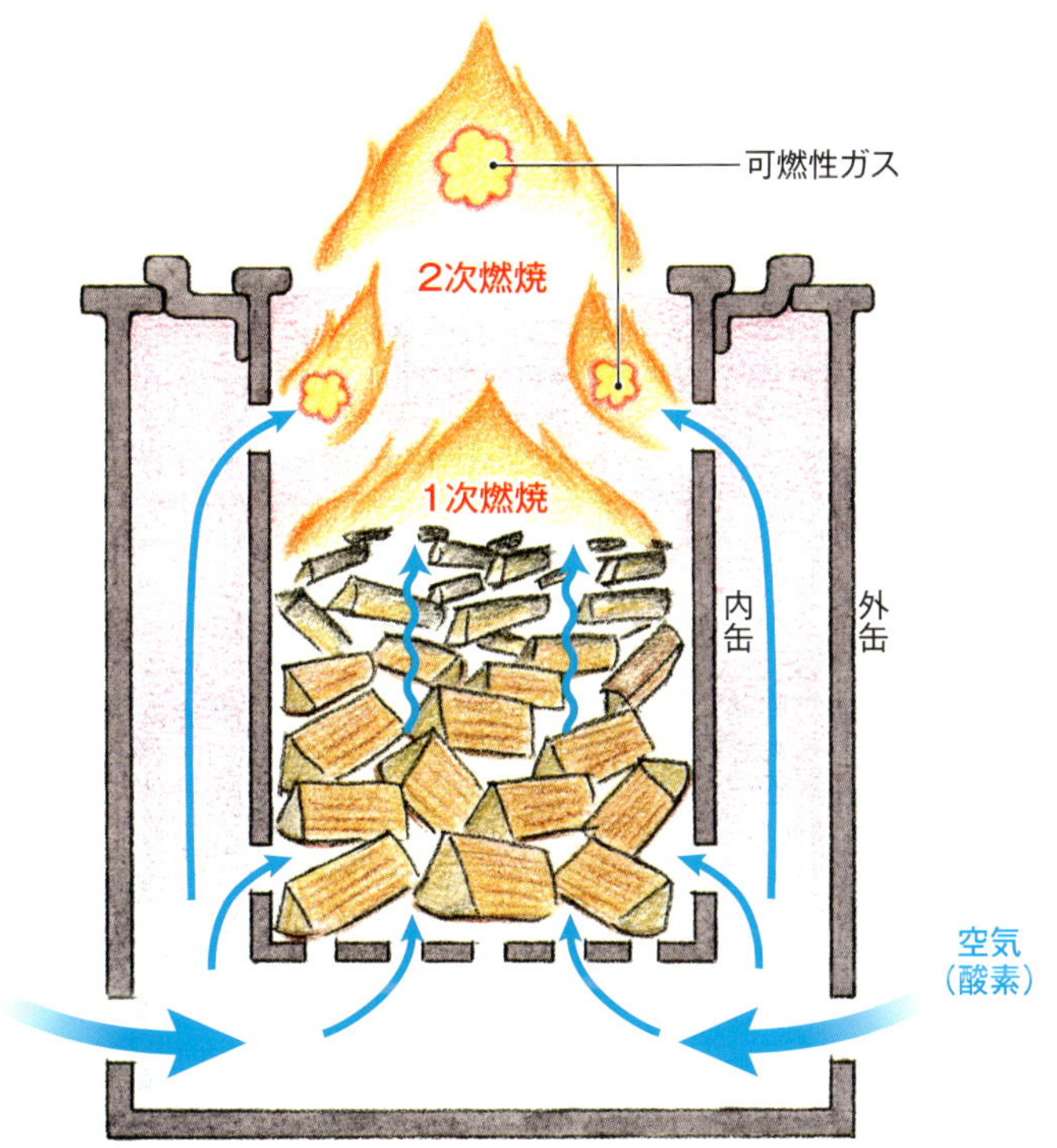

内側の缶に入れた木クズに上から着火すると、火は空気を欲しがって外側の缶の下の穴から吸い込む。一部の空気は内側の缶の下の穴から木クズの間を上昇し、木くずが1次燃焼。ここで発生する可燃性ガスに、外側と内側の缶の間を上昇して高温になった空気が出会うことで2次燃焼が起こる。オイル缶やドラム缶などを使って大型のものをつくることもできる。

1回の湯沸かしに使う燃料はこれだけ。薪にならない木切れや枝、松ぼっくりなど身の回りですぐ手に入るもので十分。大きめの木くずが下、小さめの枝葉が上になるように置く

上から着火するのも大事なポイント。1次燃焼が下に向かってジワジワ進むため、可燃性ガスを逃がさず2次燃焼させられる

着火して少し経つと、炎が内側の缶上部の空気穴から横に向かって出てくる。可燃性ガスが2次燃焼している様子がわかる

ハウスの加温に薪ストーブを導入した（左から）藤田幸成さん、安藤良次さん・正悟さん親子。七飯町で最初に薪暖房を始めたのは安藤さんだ

重油高騰 ハウスも薪暖房で

カーネーション産地が燃えはじめた!!

北海道七飯町から

重油代高騰で産地の危機

マフラーを持ってくればよかったと思う寒い日だったが、ハウスに入ると一転、パチパチと木がはぜる音がし、じんわり温かい。

「眠くなっちゃいそうですよね。でも、これで重油が約半分カットですよ」

と、笑顔なのは北海道七飯町のカーネーション農家、藤田幸成さん（四〇歳）。六年前から、油を焚くハウス暖房機の補助暖房として薪ストーブを導入した。

七飯町は道内一のカーネーション産地。豪雪地帯ではないが冬はマイナス一五度になる日もあり、山から吹き下ろす風がハウスを冷やす。

十一月に定植して、翌年六月と十〜十一月にかけて二回切る作型では、ハウスの加温に大量の重油が欠かせない。

自作しているドラム缶ストーブ

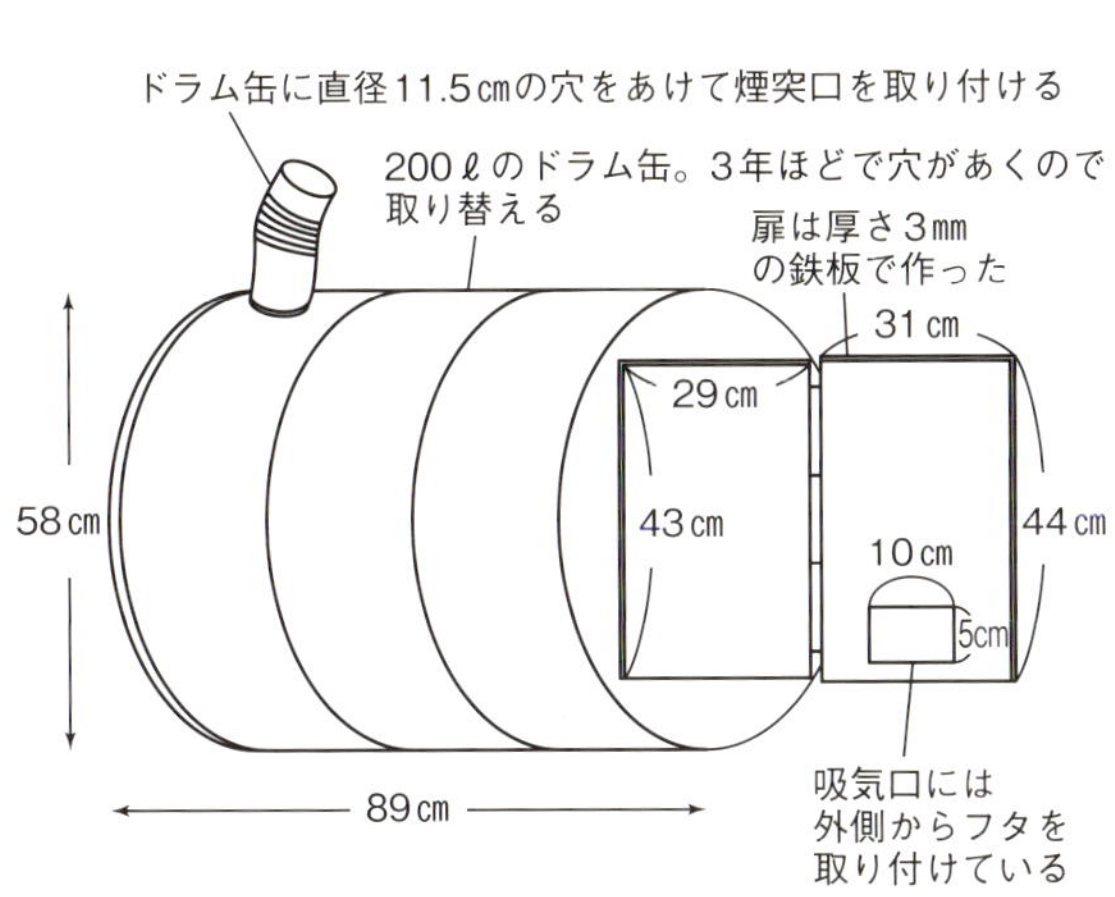

ドラム缶に直径11.5㎝の穴をあけて煙突口を取り付ける
200ℓのドラム缶。3年ほどで穴があくので取り替える
扉は厚さ3㎜の鉄板で作った
31㎝
29㎝
58㎝
43㎝
44㎝
10㎝
5㎝
89㎝
吸気口には外側からフタを取り付けている

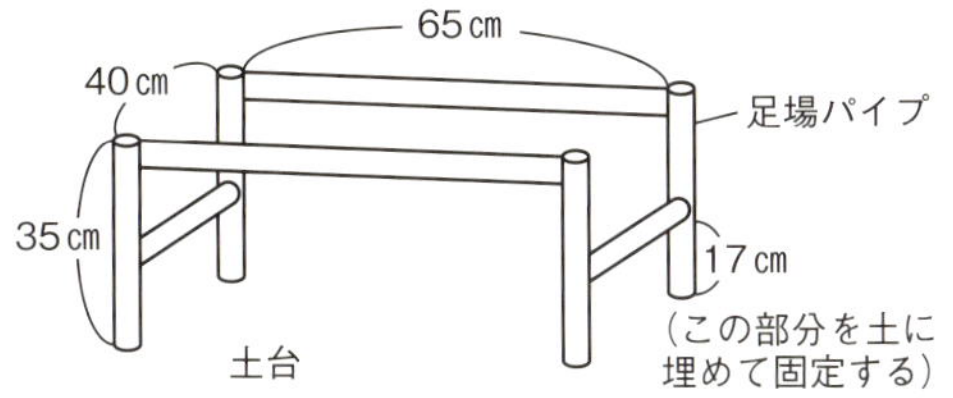

65㎝
40㎝
足場パイプ
35㎝
17㎝
(この部分を土に埋めて固定する)
土台

解体した薪ストーブ。煙突や土台、ストーブの扉は再利用できる。薪は夕方5時と夜11時前後の2回くべる。火が広がったら長く燃えるように吸気口を細めておく

「ところが、A重油の値段は一〇年間で倍以上になりました。カーネーションの単価は下がり続けているのに」と藤田さん。薪暖房を始める前、支出に占める重油代の割合は二割以上にもなり、花の値下がりもあって経営を圧迫していたという。

　そんな状況で、地域では十一月定植の作型をやめて他の品目を選ぶ農家も出てきた。このままでは市場の信用をなくし、四〇年かけて築かれた産地が守れなくなる、そんな危機感を覚えていた頃に出会ったのが薪ストーブだった。そして薪暖房が今、産地の強力な味方になっているという。

年間一〇〇万円分の重油代が浮いた

　薪ストーブだけでは当然、低温に弱いカーネーションに必要な温度は確保できない。設定温度を下回ると重油暖房機が稼働するようになっていて、薪ストーブはあくまでも補助暖房としての活用だ。それでも、藤田さんの一〇棟分のハウスで、昨シーズンに浮いた重油代は少なく見積もっても一〇〇万円になった。暖房機が動く時間が格段に減ったということだろう。

　七飯町のカーネーション農家が暖房を焚くのは十一～四月の五カ月間。藤田さんは「薪をくべるのは面倒ですが、やればやっただけ燃料代が浮く」と、ほぼ毎日薪を燃やしたそうだ。その努力の結晶が大きな金額になれば面白くないはずがない。

　現在、地域の花卉生産出荷組合五〇軒のうち、薪暖房に取り組む農家は一〇軒。七年前に一軒の農家で始まった薪暖房は、年々増えている。

温度ムラは業務用扇風機で解消

　全自動の暖房機に比べれば、薪暖房は手間もかかるし、慣れないうちは確かに問題も多かった。

　例えば温度ムラ。薪ストーブは、ハウス暖房機と違って温風が出るわけではない。周辺

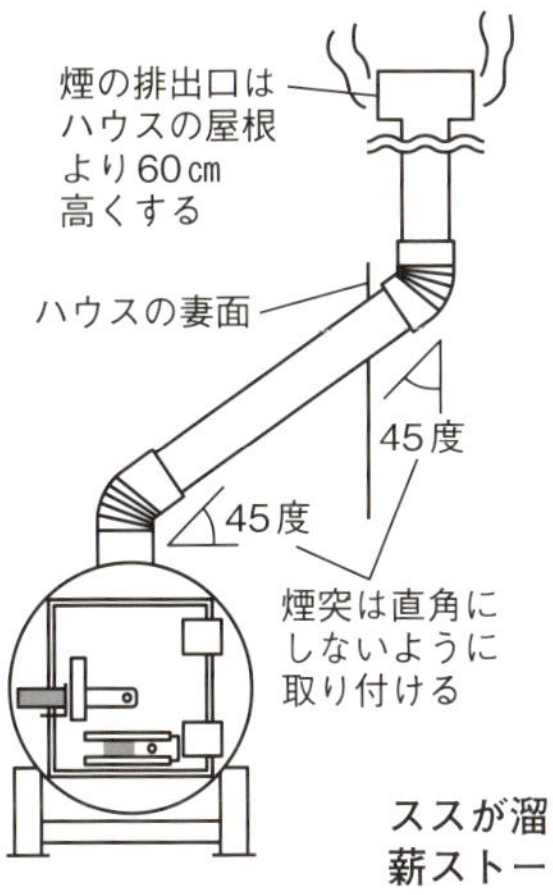

煙の排出口はハウスの屋根より60㎝高くする
ハウスの妻面
45度
45度
煙突は直角にしないように取り付ける

ススが溜まらない薪ストーブの設置方法

100mハウスの温度ムラをなくす藤田さんの工夫

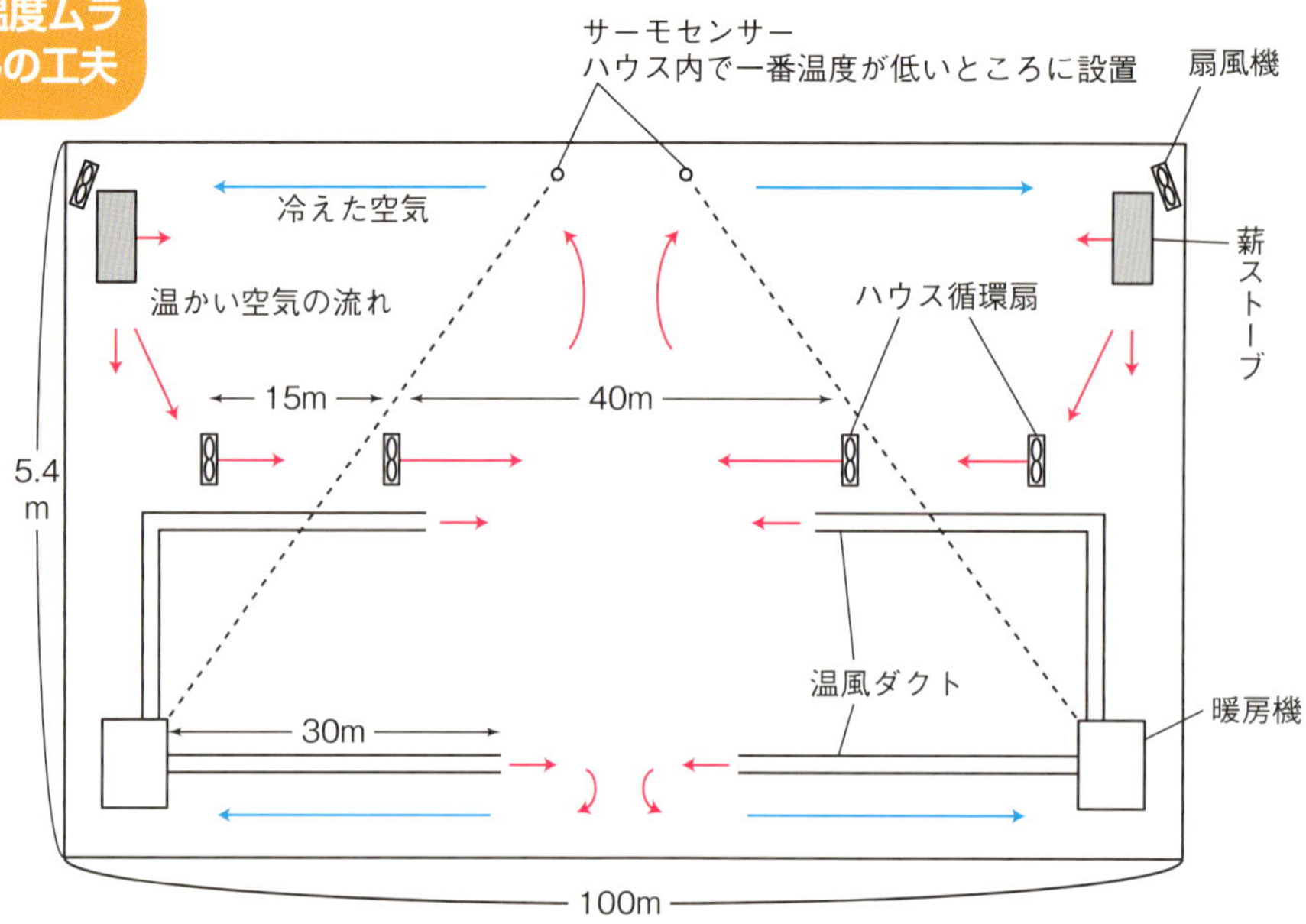

は温かくなるが、ストーブから離れれば温かい空気が届かないのだ。

「ハウスの一部だけ寒くて、低温に弱いスプレーのバーバラ系品種に孫芽が増えて、スプレーどころかホウキになったこともある」

という藤田さん。ストーブの後ろにホームセンターで三〇〇〇円ほどで買った業務用扇風機を設置した。扇風機に押された温かい空気は、ハウスの峰パイプに取り付けた循環扇（「風太郎」、約一万円）でハウス奥まで運ばれる。

この方法だと、ハウス内温度の高低差はたったの二度。カーネーションの設定温度は生育時期により八～一四度なので、サーモセンサーは暖房機から一番遠い位置に置き、ハウス内で一番寒い場所の温度が設定を下回ると、暖房機のスイッチが入るようにしている。

手作りなら一万円以下の薪ストーブ

ちなみに藤田さんが現在使用している薪ストーブのほとんどは、お父さんの正幸さんが自作したもの。仲間と試行錯誤の末いきついたという薪ストーブは、ドラム缶製だ。二〇〇ℓドラム缶と足場パイプ、六㎜厚の鉄板、それにステンレスの煙突で作り、材料費は一万円以下だったという。同じものを近所の鉄工所に頼んでも二万五〇〇〇円で作れるので、市販製品に比べれば圧倒的に安い。

薪はスギとカラマツ。1㎥5000円で森林組合が圃場まで運んでくれる（町から補助も3割出る）。2mの丸太の状態で届いたら、チェンソーでストーブに入る長さ70㎝に切って積んでおく

ドラム缶は薄いので、炎にさらされて穴があくまでの寿命は三年ほどだ。扉や土台、煙突部分は再利用できるので、新しいドラム缶に付け替えて使う。

煙突の掃除も、せいぜい月に一度でいいそうだ。

最近、七飯町のこの取り組みには全道から視察がきているという。そのうちの一つ、アルストロメリアの栽培が盛んなむかわ町では、さっそくこの冬に約一〇〇台の薪ストーブが稼働しているという。

北海道七飯町で火が付いた薪暖房、全国に燃え広がりそうだ。

＊二〇一三年一月号「カーネーション産地が燃え始めた」

自作した薪ストーブと筆者。廃材を利用、製作にかかった費用は１万円足らず。たった１日でできた。タダでもらえる太めの建築廃材の薪が８本入り、午後11時に点火すると翌朝６時過ぎでも火が残っている
（赤松富仁撮影、以下も）

さっそく設置

重油代20万円浮いた

熊本県阿蘇市・西田満士さん

七飯町の記事を見て、さっそく自分の高設イチゴハウスに薪ストーブをつくった西田さん。暖房機の設定温度を例年よりも２度高くしたにもかかわらず、重油の年間使用量を３分の１近くカットでき、20万円ほど節約できた。

設置の仕方もひと工夫。重油暖房機のすぐ隣に薪ストーブを置き、薪ストーブで温めた空気をそのまま重油暖房機が吸えるようにした。温風を暖房機のダクトでハウス全体へ送り、循環扇も併用するので温度ムラはほとんどない。

おまけに着火の際の煙をハウスに充満させることで、病害虫の発生も減少。炭酸ガス効果もあってか、玉伸びもよくなったという。 編

＊2013年11月号「薪ストーブで重油代が20万円浮いた」

薪ストーブの配置

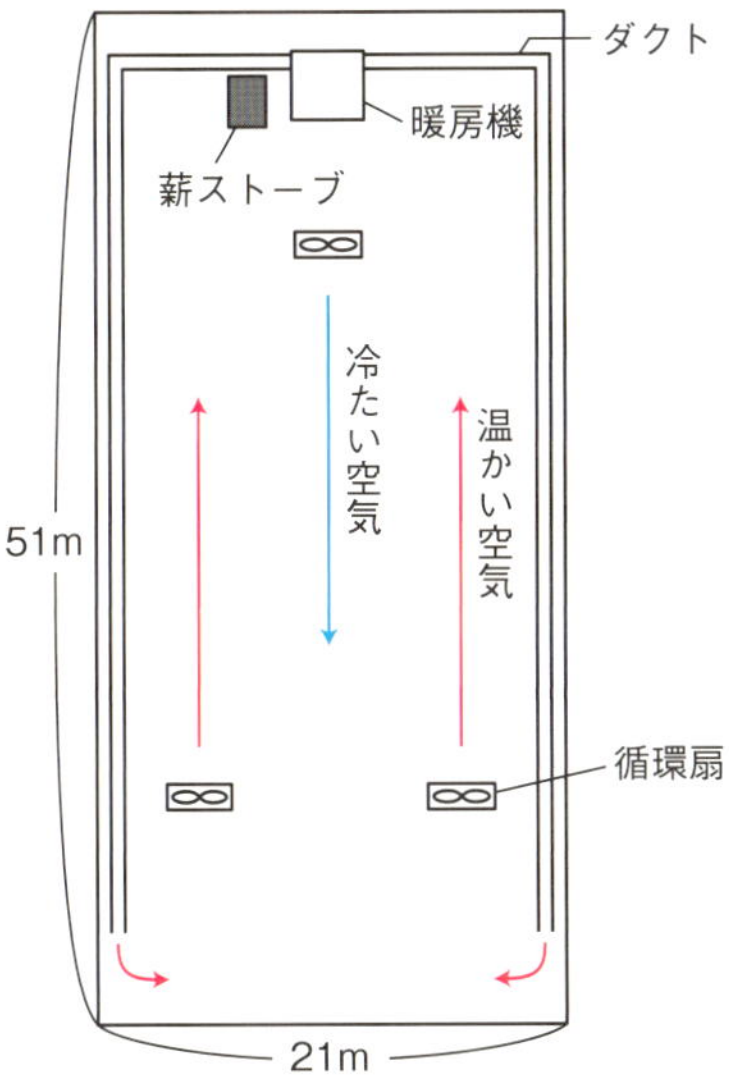

重油暖房機の隣に薪ストーブを設置。温めた空気を暖房機でハウス内に送る。
薪ストーブ全体をトタンで覆い、天井部分は斜め30度に取り付けることで温まった空気が暖房機のファンに吸い込まれるようにする。また左右の壁には鉄板（モミ乾燥機の廃材）を入れて二重にして、高設イチゴのマルチフィルムが熱で溶けないようにした。煙突（直径10cm、長さ330cm）は火の勢いとススの溜まり具合を見て45度に取り付けた

ドラム缶の中には、側溝のフタに使われるグレーチングを敷設。隙間ができることで薪の着火がよくなり、灰が下に落ちるので最後までしっかり燃え尽きる。
フタには火力をコントロールする窓をつけ、耐火繊維を張って隙間を塞いだ

手作り薪暖房機で重油80%カット

茨城・藤澤 修

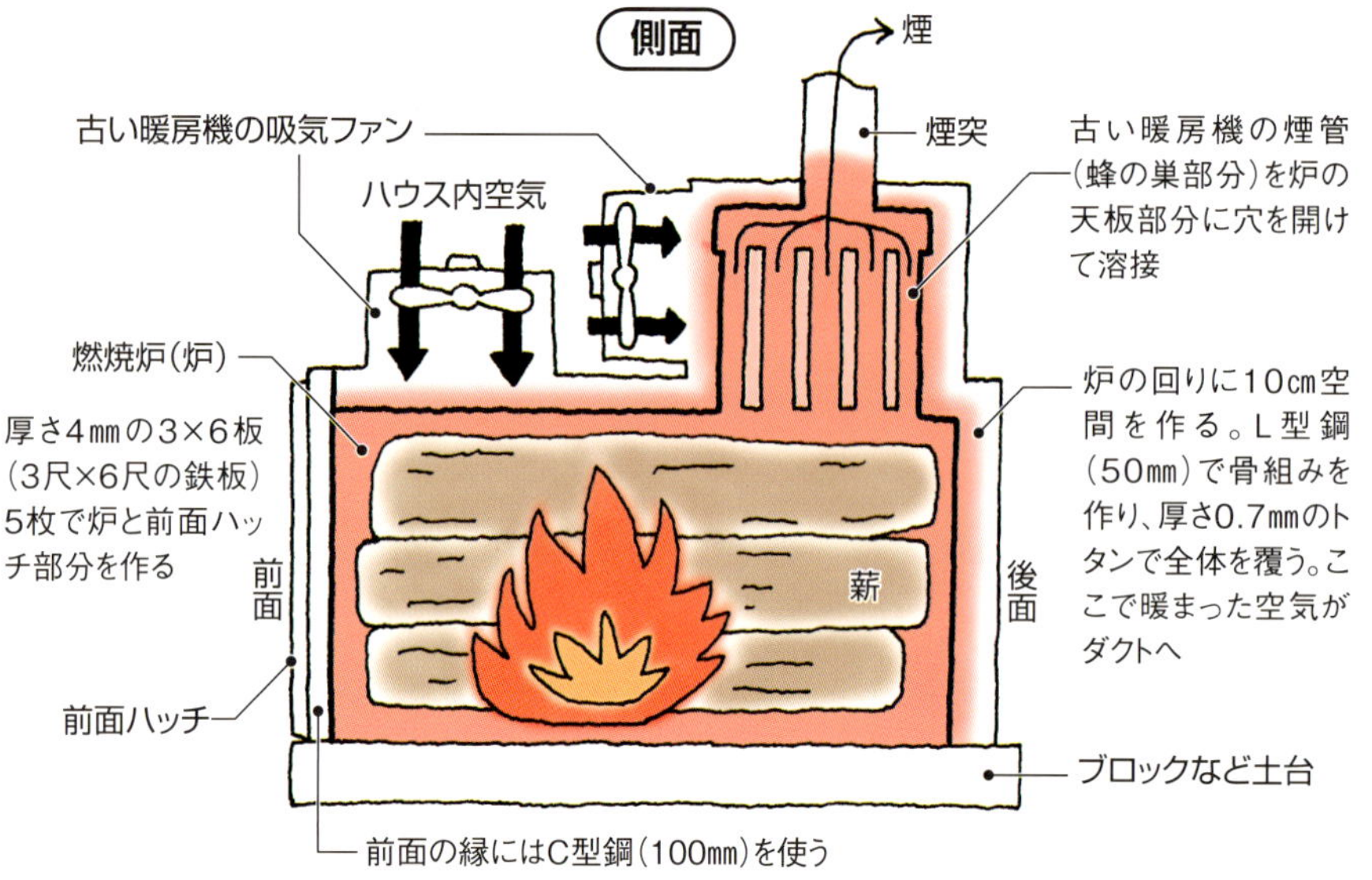
側面
煙
煙突
古い暖房機の吸気ファン
ハウス内空気
古い暖房機の煙管（蜂の巣部分）を炉の天板部分に穴を開けて溶接
燃焼炉（炉）
厚さ4mmの3×6板（3尺×6尺の鉄板）5枚で炉と前面ハッチ部分を作る
炉の回りに10cm空間を作る。L型鋼（50mm）で骨組みを作り、厚さ0.7mmのトタンで全体を覆う。ここで暖まった空気がダクトへ
前面
後面
薪
前面ハッチ
ブロックなど土台
前面の縁にはC型鋼（100mm）を使う

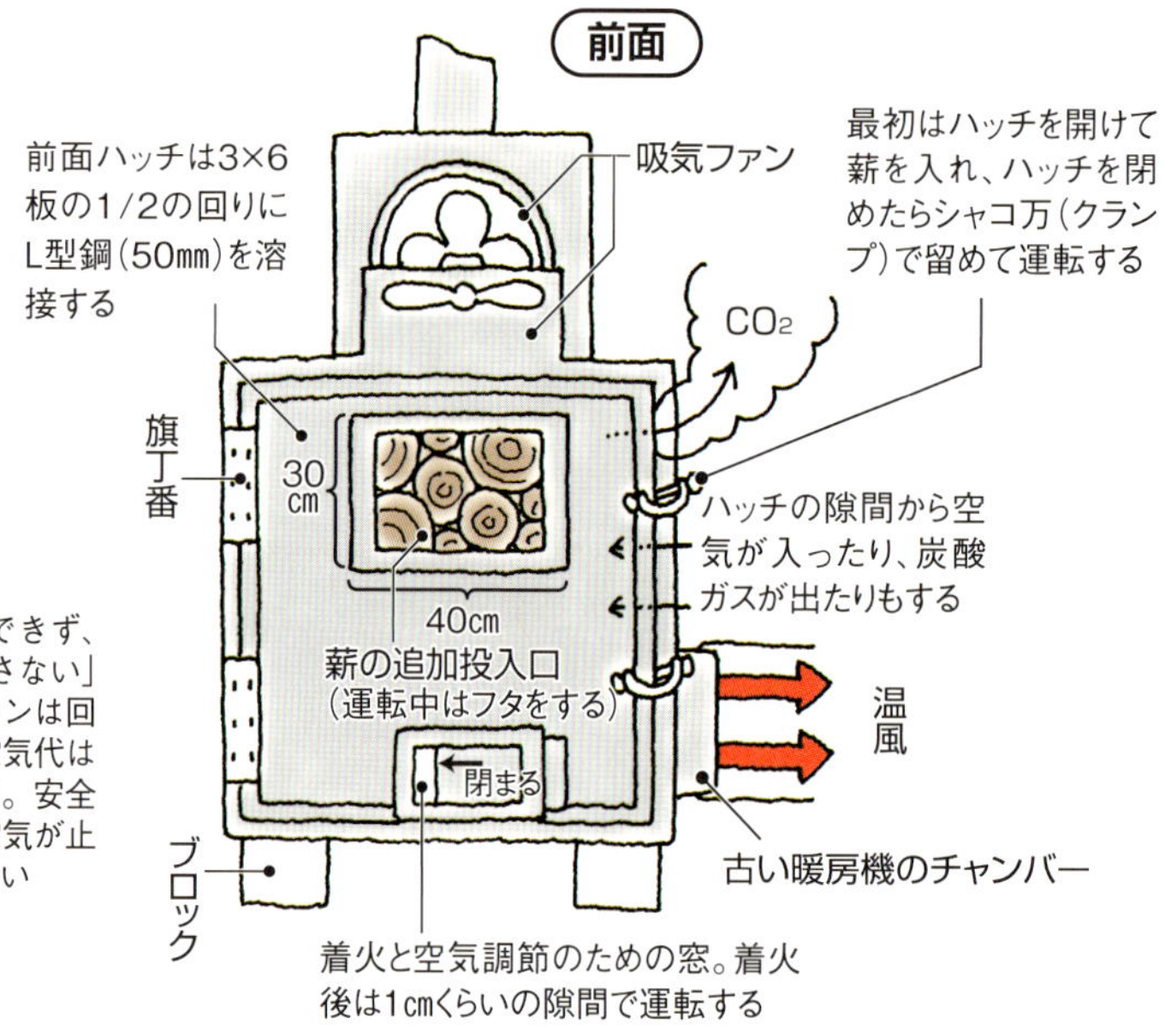
前面
前面ハッチは3×6板の1/2の回りにL型鋼（50mm）を溶接する
吸気ファン
最初はハッチを開けて薪を入れ、ハッチを閉めたらシャコ万（クランプ）で留めて運転する
CO2
旗丁番
30cm
ハッチの隙間から空気が入ったり、炭酸ガスが出たりもする
40cm
薪の追加投入口（運転中はフタをする）
温風
閉まる
ブロック
古い暖房機のチャンバー
着火と空気調節のための窓。着火後は1cmくらいの隙間で運転する

注：温度調節はあまりできず、「燃やす」か「燃やさない」かのどちらか。ファンは回しっぱなしなので電気代は1～2割多くかかる。安全装置がないので、電気が止まっても火は消えない

私は約二〇〇〇坪のハウスでミニトマトを栽培しています。「一台で一〇〇〇坪、重油に頼らず薪一〇〇%」を目指し、薪暖房を手作りしました。特徴は、水道の圧力タンクでつくった燃焼炉に、古い暖房機の煙管（蜂の巣部分）をくっつけて熱交換率を上げたこと。重油暖房機も回ることがありますが、シーズンで九〇kℓ使っていた重油が、今では一四kℓ程度、八〇%以上の省エネができています。

この暖房機は、薪をいっぱい入れて温度がとれるのが六~七時間くらいですので、夜中に一度は薪の補給をしなくてはなりません。夜の十一時に補給していますが、あまり細いものだと燃焼時間がとれないため建築廃材の柱、梁が中心で、長さは一~一・五mに切っています。寒い晩でおよそ一台二㎥くらいの薪を使います。約五カ月間、毎晩のことなので結構たいへんですが、重油暖房機だけだと一晩に重油一〇〇〇ℓ（一ℓ八〇円でも八万円！）も燃えることを考えると、薪を燃やさずにはいられません。

また薪暖房機にしてよかったことは、樹への結露がなくなりエキ病などは極端に減ったことです。

何より四〇〇坪用以上の古い重油暖房機があれば、材料費は一台一〇万円前後。溶接さえできれば簡単に作れます。

見に来た人が真似して自作し、手作り薪暖房機の輪が少しずつ広がっています。今のところキュウリ、ミニトマト、バラ農家で五台ほど順調に稼働しているようです。興味のある方は自己責任で作ってみてはいかがでしょうか。

（茨城県筑西市）

*二〇一一年十二月号「3台の手作り暖房機で重油80%カット」

薪暖房機と筆者。1000坪ハウスに薪暖房機２台が燃えると真冬でも室温は13～15度まであがる
（赤松富仁撮影）

外気温プラス５度が１週間続く

「埋材木暖房法」

岐阜・向川原盛吉

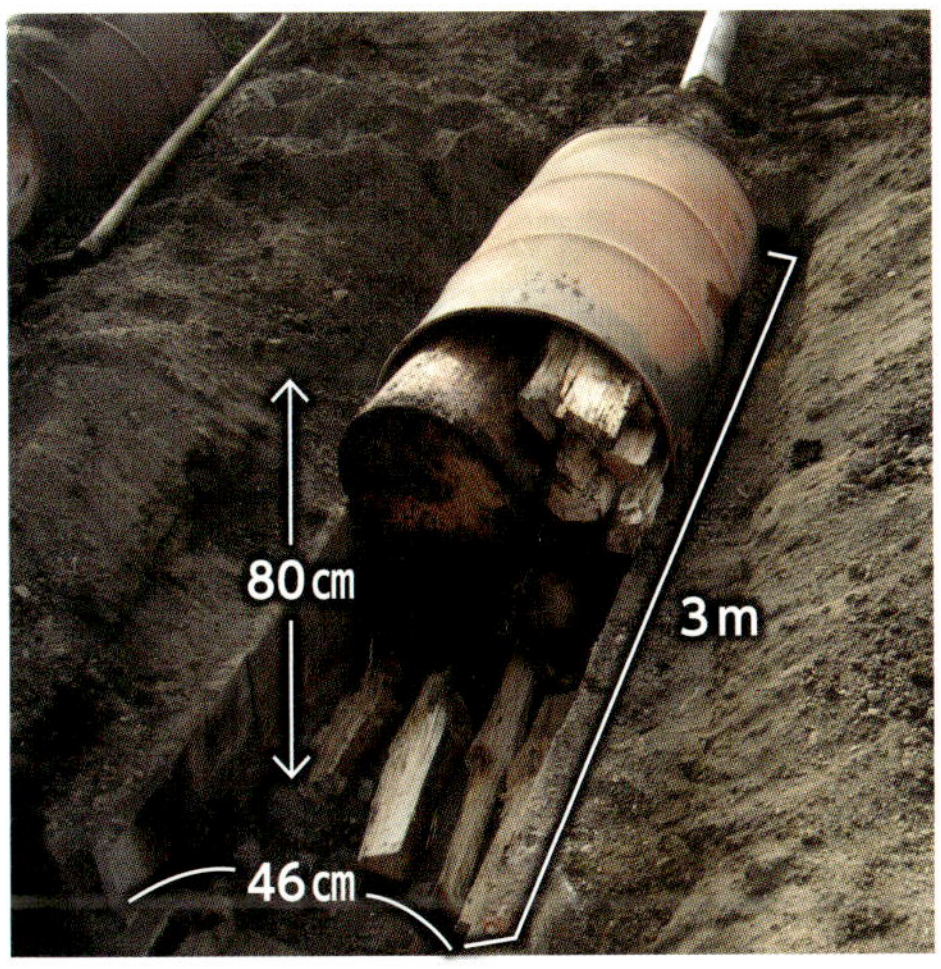

ハウス内を掘り、ブロックを積んで窯を設置。直径45㎝くらいの太い材木を中心に、小割りした薪やモミガラ等を詰めて窯の中をいっぱいにして火をつける（大前政治撮影、Oも）

「埋材木暖房法」は、土に埋めた窯で薪を燃やして暖房効果を得る方法で、施設の加温に重油ではなく、目下山林に放置されているマツ材を利用して代替しようとするものである。

近年は当地方に限らず、マツクイムシによって枯れたマツが多くみられ、山林には被害を受けたマツ材が放置されたままになっている状況である。これを薪に利用しない手はない。

埋材木暖房法は、時間をかけて木材を炭化させる炭やきの原理を応用している。

マツ材に火をつけて燃焼させると、一時に燃え上がって大きな火力を出すが、これを維持することはできない。

そこでマツ材を大きな丸太のまま地中に埋めて火をつけ、炭をやくときのように酸素の供給を絞って、長く火力を維持することを考えた。この方法ならば、一度着火すれば吸気口や煙突のコントロールで、一週間は一定の熱を確保し続けることができる。

私どもの経験では、間口五m四〇㎝の三〇mハウスに設置すれば、これで外気温より四~五度は温度が高く保てる。一重被覆のハウスなので、これを二重にすればさらに四度ほど上乗せでき、暖房機を設置した同じ面積のハウスと同等の加温効果を果たすことができると思われる。

現在、できれば一度の着火で一カ月間保温できるよう、窯の長さを倍にして試験中である。ハウス内に窯を設置する場所が必要になるが、加温を必要とするあらゆる作目に活用できる。

（元下呂市役所農務課）

*二〇一三年一月号「外気温プラス五度が一週間続く『埋材木暖房法』」

ハウス内への窯の設置

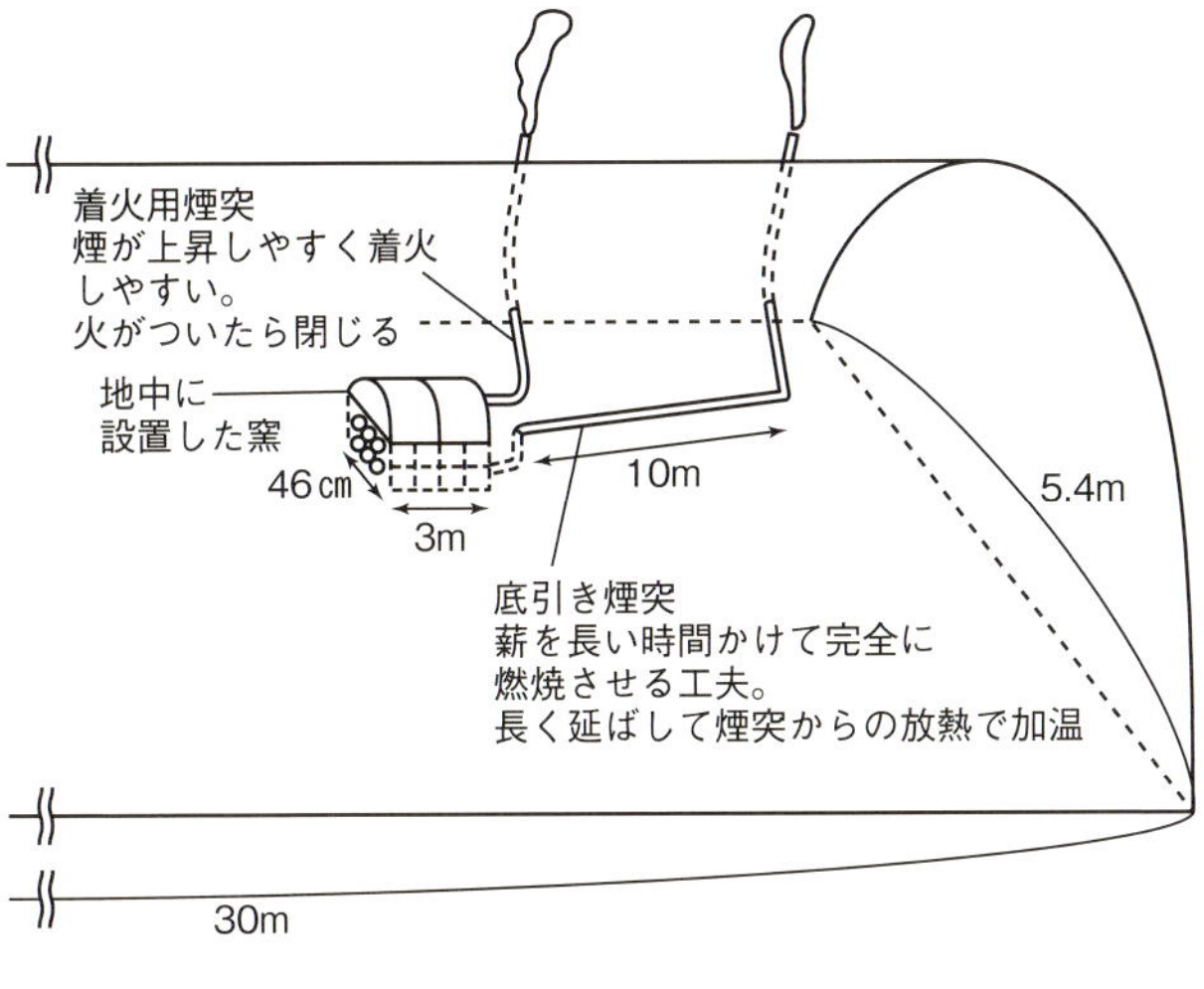

ドラム缶の燃焼炉と、高温の煙が通る煙突からの輻射熱でハウスを暖めるため、煙突は長ければ長いほど加温効果が高まる

扇風機で送風しながら着火。火がついたら、ブロック１つ分の空気穴を残して窯の入り口を耐火ブロックと壁土で塞ぐ。この穴に向けて、扇風機で送風しておけば翌朝まで火は消えない。４日目になったら空気穴の大きさを３分の１程度にして火力をコントロールする（O）

夜間、10時間はもつモミガラストーブ

長野・市川武徳

私は定年退職後、水田七四aと加温ハウスブドウ約一七aで、本腰を入れて農業しています。

三年ほど前、くん炭をやいているときに、この熱をブドウのハウスに使えないかと思いたちました。せん定枝（束ねられないような短い枝）は横に半分に切ったドラム缶の中で焼却していることを思い出し、ドラム缶を使ってみました。

モミガラをドラム缶に一回六〇〜一〇〇ℓ入れてやくと、初めはくすぶり、やがて炭となり、一〇時間ほど暖かく、夜間の暖房には最適なことがわかりました。

モミガラは火を出しては燃えにくく、くすぶりながらゆっくりと燃えるので短時間に燃え尽きてしまうことはありません。また、ハウス内が高温になると、ブドウの棚は平棚で低いため高温障害で枝や葉が枯れてしまわないか心配でしたが、くすぶりながら燃えている分には高温になりすぎることはないようです。

モミガラストーブを使った日数は、ハウスにビニール被覆した直後から五〇日ほど。重油の消費量は、一五aのハウスで一年に六〇〇〇ℓ前後を焚くのが普通でしたが、今シーズンは五〇〇〇ℓ。正確には計っていませんが、一〇〇〇ℓ近くの重油の節約ができたと思います。　**（長野県上田市）**

＊二〇〇九年十一月号「ブドウハウスの暖房補強にモミガラストーブ」

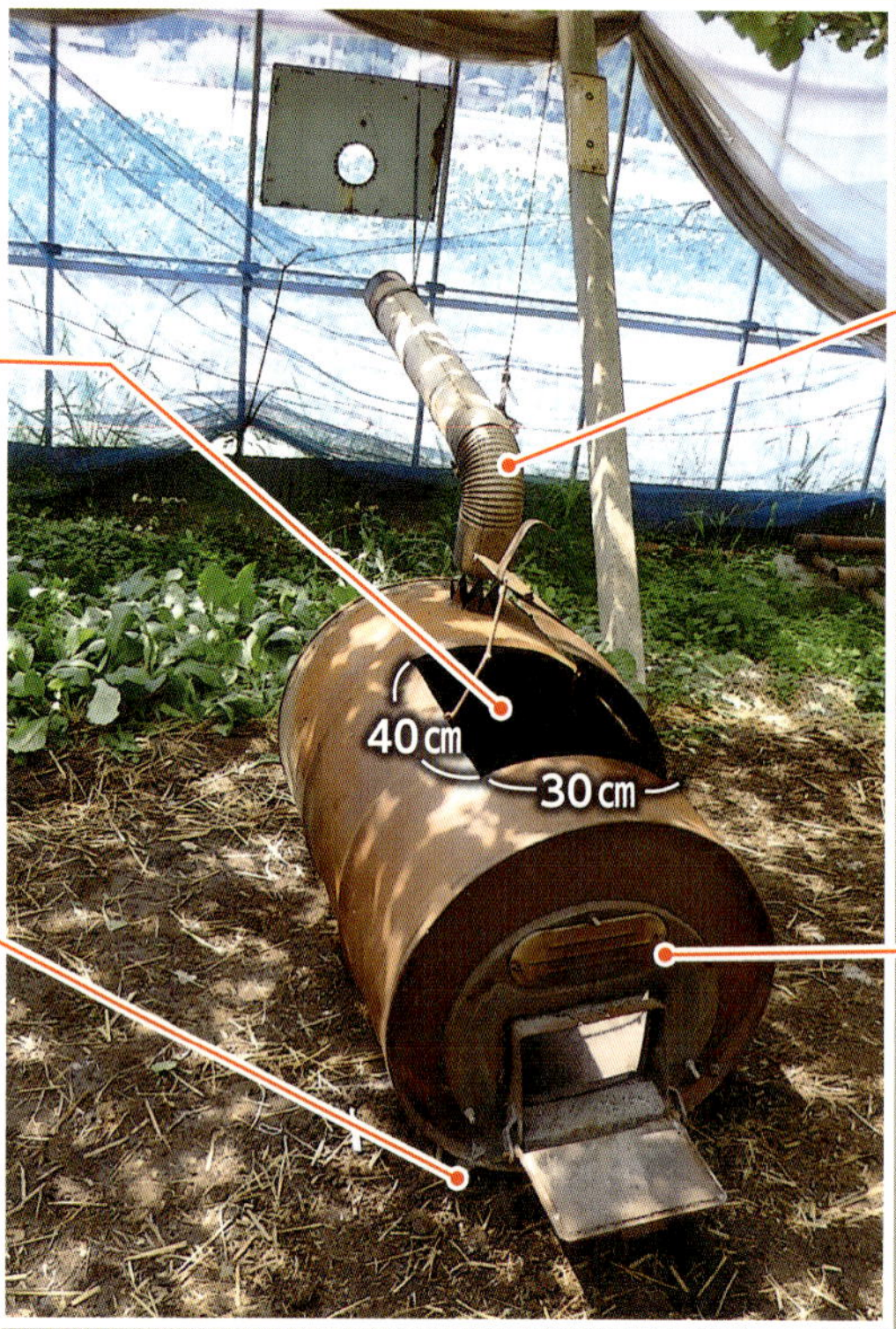
燃料補給口
切り取った鉄板に蝶番をつけてフタにした
煙突
直径10㎝の市販品を使用。角度を垂直方向に高くするほど強く排煙する。風向きによってハウス内に煙が入ってしまう場合もあるが、おかげで害虫が少なくなる
焚き口
風呂用釜の焚き口フタの部分を電動カッターで切り取り、ネジで取り付けた。開閉度で排煙の強さを調節。できた灰は田畑にまいている
脚
ドラム缶が転がるのを防ぐため、帯鉄板をコの字形に曲げ、ネジで固定した。焚き口の反対側の脚を約20㎝高くすることで、燃えやすく、煙もよく流れるようにした

※設置場所は、暖房機から遠いところ
※経費は２台分でボルト代等500円ほど

リンゴとブドウのせん定枝を完全燃焼!?

長野・齊藤敬治

筆者と手作り薪加温機。市販品のエノキオガ焼却炉に90㎝換気扇、着火用ブロワー、サーモ制御等を取り付けた。製作経費は10万円程度

わが家では昭和五十四年に巨峰の加温ハウス栽培を始めました。値が比較的高い七月下旬～八月初旬をねらった出荷は、開始当初から変更していません。しかしこの時期に確実に出すということは、かなり暖房が必要です。とくに冬は雪深い山ノ内町ではなおさらです。

そこで「手作り薪加温機」を製作。平成七年に稼働しました。ポイントは、①燃焼中でも火をチェックできるように焚き口を外に出した。②点火時に焚き口から煙が出るのを極力抑えるように焚き口の高さを変えた。③炉体に鉄管を入れて熱交換率を上げた。④灰取りがラクになるようにした。

七〇aのリンゴ園と七〇aのブドウ園から出るせん定枝のうち、中細枝はシュレッダーにて砕き園地還元。燃料にするのは中・太枝です。乾燥していない生枝は点火用には不向き。ブドウよりもリンゴの枝のほうが硬くて密なので火持ちがいいようです。シーズンに使用する中・太枝は軽トラで二〇台くらいでしょうか。わが家の分では足りないくらいです。太枝は長さ一mまで、太さ三〇㎝まで入ります。雑木も太いものを三〇㎝厚の輪切りで燃料にします。

運転期間は二月下旬～四月下旬。午後五～六時に点火し、燃焼は午後九時頃までですが、その後も余熱で深夜十二時頃までそれなりに加温効果が続きます。完全燃焼しますので、灰取りは年一回で十分です。

油をケチるあまりブドウの品質を落としては本末転倒。そこにはこだわってきました。おかげさまで、農協のブドウ部会で三度の優秀賞をいただいております。

（長野県山ノ内町）

＊二〇一一年十二月号「せん定枝を燃やして、ブドウの暖房代二割節約」

筆者の手作り薪加温機の構造図

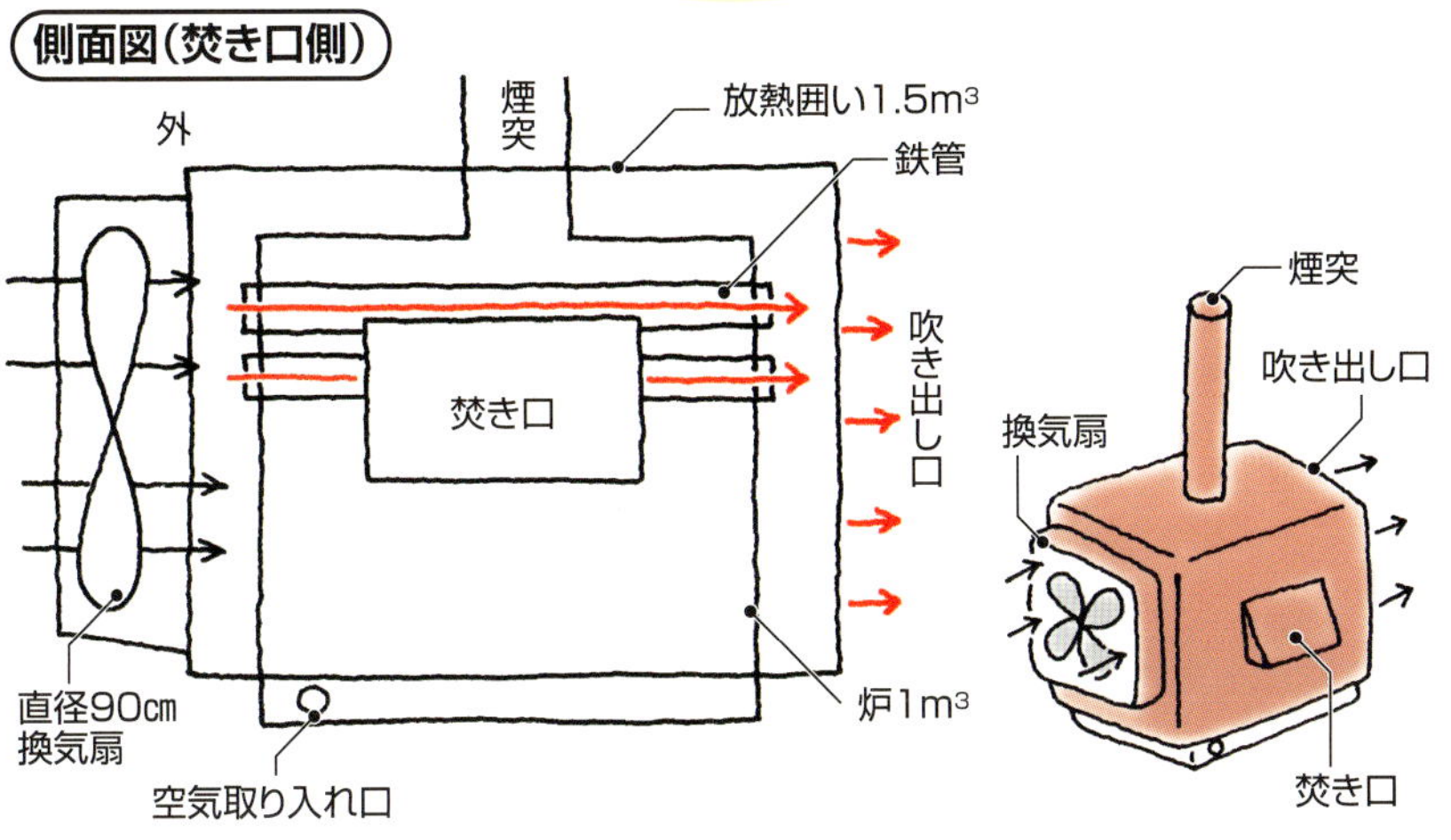

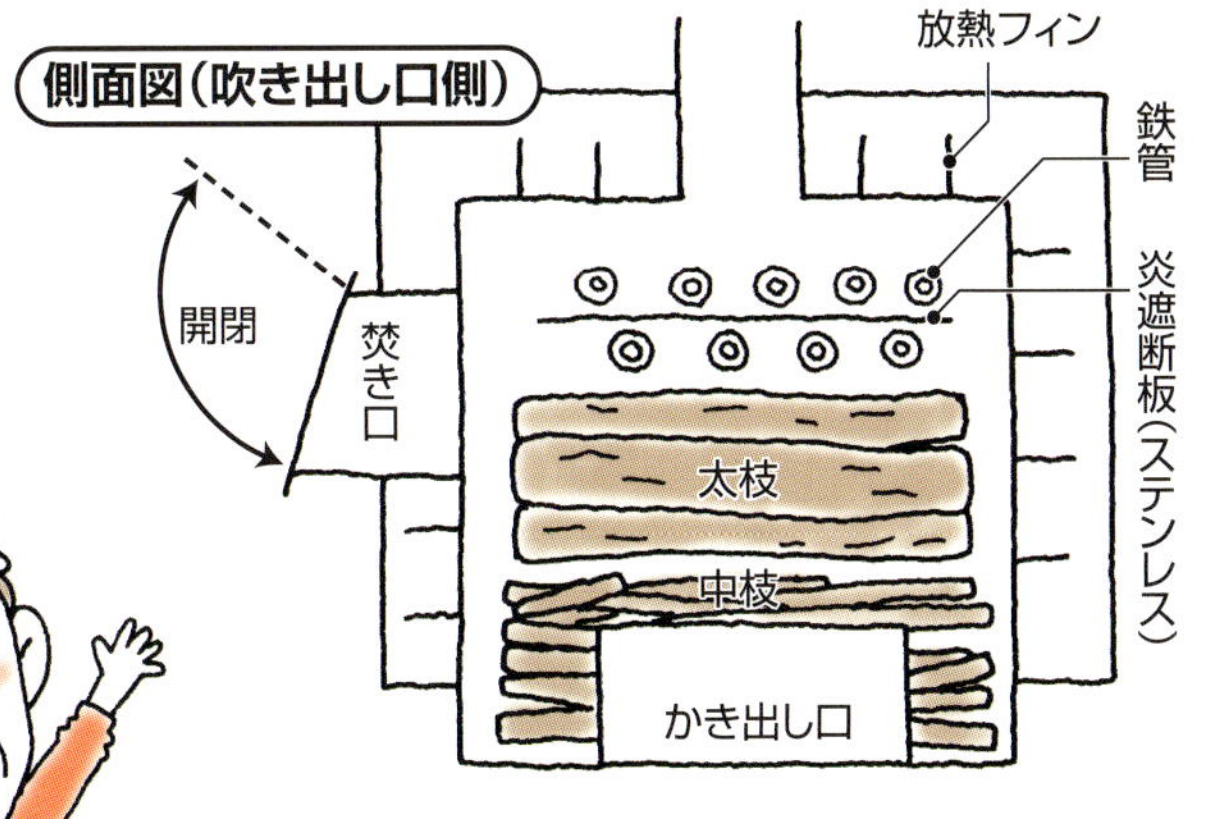

乾燥気味の中枝（ブドウの枝）を約30㎝積み、その上に生の太枝を約30㎝積んで下から着火する

薪で山が元気になる

薪販売で山も人もよみがえる

新潟県三条市・舘脇信王丸さん

「薪にすれば、どんな木でも売れるし、用材よりもお金になる」と薪販売に取り組む舘脇信王丸さん（六ページ）。経営的メリットが大きいのはもちろん、薪を売ることで山も人も元気になるという。その熱い想いを語っていただいた。

大型機械で山が坊主に

私が「薪を売り始めます」っていったときに、林業関係者の方たちの反応っていったら「薪なんかやるのかよ」みたいな冷めた感じでしたよ。でも私は、「薪は売れる」ってことが経験でわかってましたから。諸先輩方と同じ土俵で戦っても絶対勝てないなら、需要がきちんと見えた薪で参入しようと思ったわけです。

それに最近の林業政策は、山林の面積をまとめて、そこに補助金つけて億単位の最新外国製大型機械を投入して、ガーッといっせいに木を切るってやつでしょ。それで何が起きたかっていうと、木がダブついたんですよ。そりゃ機械を投入して効率よく作業すりゃ、木がどんどん山から出てくるのは当たり前。でも売れなきゃ話にならないじゃないですか。要は需要を見てないんですよね。

しかも機械の費用を捻出するためには、どんだけ山の面積が必要なんですかと。同じ機械を使ってるヨーロッパの林業先進国の人たちがどんな状態になってるかっていうと、億単位の機械の償却のために、二四時間フル操業し

北欧の最新型林業装備に身を包んだ舘脇信王丸さん。機械にはお金をかけないが、身体を守る装備には手を抜かない。身の安全が第一

なきゃいけなくなったんですよ。同じこと日本でできるんですかと。

　それで何が残るかっていったら、まぁ坊主になった山です。そこにまた木を植えて、次の世代に育てるんだったらまだいいけども、なかなかそうはいってないですよね。

　そういう変なことが起きてて、この先未来はあるのかと。私が見ている限りないです。とくに個人では、大きなお金かけて、大きな面積を経営するっていうのは、どだい無理な話なんですよ。

まったく手入れされず、曲がったり折れたりした木があちこち見られる鬱蒼としたスギ林。舘脇家の山も、一時はこんな状態になっていた

薪をチマチマ売ることで未来が開ける

　だから私は、まぁもう本当にチマチマやろうと、完全に連中の真逆を走ったんです。具体的に言うと、機械をなるべく少なくする。軽トラ一台、チェンソー、あとまぁせいぜい薪割り機。ユンボもあるに越したことはないけど、薪用ならレンタルで十分。とにかく機械にはなるべくお金をかけないようにして、チマチマ薪を売っているわけです。

現在の舘脇家の山。間伐を続けた結果、光が差し込むようになり、自然と広葉樹も生えてきた。残したスギは、いずれ木材として販売する

　薪の場合、一回買ってくれたお客様は翌年も当然薪ストーブを使うから、毎年注文いただけるんです。そうすると、手元に残る金額は少ないかもしれないけど、「あ、これで俺一生なんとか回せるな」って自信がつくわけですよ。じゃあこの山の木の現状だと、五年後はどんな状態かなみたいなイメージもわくわけです。大規模でやってる人たちの考えとはまったく違う世界が広がってくるんです。

　だから私は、山は絶対坊主にしない。木は絶対残す。で、折れたり曲がったりして将来どうにもならない木を切って薪にして、まぁ自分で燃やすか、販売するかってやり方ですね。もちろんそれだけじゃ足りないんで、今では近所のおじいさんが山から切り出してきた木も仕入れて薪にしてます。おじいさんも、「いい小遣い稼ぎになる」って喜んでくれますよ。

　それに日本の山っていうのは鳥とか小動物がタネ運んできてくれますから。薪のために間伐して、地面に光が差し込むようになれば、自然にいろんな種類の木が生えてくるんです。土壌も安定してくるので、すごく山も元気になる感じですよね。

　山を持っている日本中の方が、未来が見えなくて立ち止まっていらっしゃると思うんです。でも、薪にすれば先が開ける。だからオススメです。というか、薪以外に方法はない、といってもいいくらいです。（談）

編

山の歴史と薪の話

絶えることなかった「薪炭林」

昭和の前半まで、かまど、風呂、囲炉裏になど、日常の燃料として使われていた薪。日本のむらでは、裏山の広葉樹の森を「薪炭林」としてずっと利用してきた。広葉樹は、15～30年で成木となり、伐採しても切り株から芽が出てまた自然に伸びる（萌芽更新）。だから薪炭林は絶えることがなかった。

燃料革命、建材需要で忘れられる

1955年前後から燃料が電気・石油・ガスへと転換（燃料革命）。また戦後の建築用材として針葉樹の需要が増えたため、薪炭林は次々に伐採。伐採を免れた薪炭林も、そのまま放置されて手が入らなくなってしまった。

「ナラ枯れ」拡大

1990年頃から全国の広葉樹林で「ナラ枯れ」と呼ばれる病虫害が発生。紅葉したように枯れた木が目立つようになってきた。病気を媒介するカシノナガキクイムシは、太い老木に多く侵入し、細くて若い木にはあまり侵入しない。広葉樹林が更新されなくなったことが大きな原因と考えられる。

スギ・ヒノキを拡大造林

1960年代、伐採された薪炭林のあとに、建材に適した針葉樹のスギやヒノキを植える拡大造林が急速に進んだ。「木を植えることは銀行に貯金するより価値のあること」といわれ、国土の４割（400万ha）もが針葉樹の人工林となった。

ところが木材価格下落、放置林が増える

1964年の木材輸入自由化以降、外材の大量輸入で木材価格がだんだん下落。間伐などの手入れがされない放置林が急拡大した。光の入らない暗い山では、いつまでも木はヒョロヒョロ。木材として売れないばかりか、根が浅いために土砂崩れなども起きやすくなった。

薪を売って山を復活！

近年の薪ブームで、薪がバンバン売れることがわかってきた。広葉樹はもちろん、ヒョロヒョロの針葉樹でも、薪にすれば売れてすぐにお金になる。広葉樹林は切れば切るほど若返るし、針葉樹林も間伐して光を入れてやれば木は太る。下草や広葉樹も自然と生えてきて土が肥え、山は元気を取り戻す。

薪こそ日本の誇るべき地エネに

熱を電気でまかなうのは効率が悪い

三浦秀一

日本の山はエネルギーのための山だった

森林は日本の国土の三分の二を占め、日本の風景の基礎をなすものである。この広大な森の風景を心癒してくれる自然の風景として見る人はいても、資源生産の場と読みとる人は少ないのではないだろうか。

戦前戦後におけるわが国の木材需要を見ると、戦前は建築などの用材より薪や炭として使われた薪炭材としての伐採量が圧倒的に多く、約三倍あった。現在のように建築などへの用材中心の木材需要へと森林活用が変質したのは戦後のことで、それまで木材需要の中心は長くエネルギー材としての利用であった。家庭におけるエネルギー使用の変遷を調べると、一九五五年頃で薪炭エネルギー消費量は全エネルギー消費の約七〇%を占めていた。五〇年ほど前まで日本のエネルギー供給は森林が支えていたのであり、私たちを取り囲む周りの山々はほとんどが薪や炭といったエネルギーのための山であった。

ナラのような天然林は伐採されると、残された切り株から新しい芽が出てくる。その芽が生長していき、また木になっていく。こうした生長を萌芽更新と呼ぶ。里山はこの萌芽更新で育ってきた山であって、エネルギーのために伐ることで維持されてきた山なのである。

無駄な「電力の熱需要」を掘り起こしたオール電化住宅

戦後、エネルギー革命が起こり、ほとんど薪によっていた暖房、風呂、炊事は石油やガスへと転換されていく。そしてここ最近は、石油もガスも使わないオール電化住宅への転換が急速に進んできた。オール電化住宅は一般的な電力使用用途である照明や家電に加え、調理、給湯、暖房と電化を進めることですべてのエネルギーを電力会社一本から購入するというものである。オール電化が取り込んできた給湯、暖房、コンロの共通点はいずれも熱のエネルギーだということである。じつは私たちが使うエネルギーのうち、照明、家電といった電気でしかまかなえないエネルギーよりも、熱として使うエネルギー量のほうがはるかに多い。結果として、オール電化住宅は通常の住宅の約三倍の電力消費量になっており、暖房需要の大きい東北電力では約四倍にも達する。発電に使う石油やガスといった燃料を直接暖房や給湯に使うとその効率は八〇%を超える。しかし、火力発電所の発電効率は四〇%程度である。そのため、電気で暖房や給湯を行なうのはどうしても効率が悪くなる。

しかし、人口減や省エネの進展による構造的な電力需要の減少傾向が避けられない電力会社にとって、大きな需要を生み出してくれるのが熱需要の電化であった。これがまた、原発の推進とも符合していくのである。もはや原発が推進されることはないであろうから、暖房や給湯の熱エネルギーは電化するのではなく、熱の再生可能エネルギーに替えていかなければならない。その熱の再生可能エネルギーの代表が木なのである。

欧州の再生可能エネルギーのベースは薪

日本では原発推進と電化が着実に進むなか、EUは再生可能エネルギーの導入を伸ばしてきた。ＥＵのエネルギー消費における再生可能なエネルギーは二〇〇八年時点で八・四％を占めている。その再生可能エネルギーの内訳をみると、森林バイオマスが四七％を占めている。それに対して、太陽エネルギーは一％程度、風力発電でも七％程度しかない。たしかに、近年のＥＵにおける風力や太陽光発電の成長ぶりは目を見張るものがある。しかし、ＥＵにおける再生可能エネルギーの中心はじつは森林バイオマスであることはあまり知られていない。

需要別伐採材積量の推移
（林野庁「林業統計要覧」より作成）

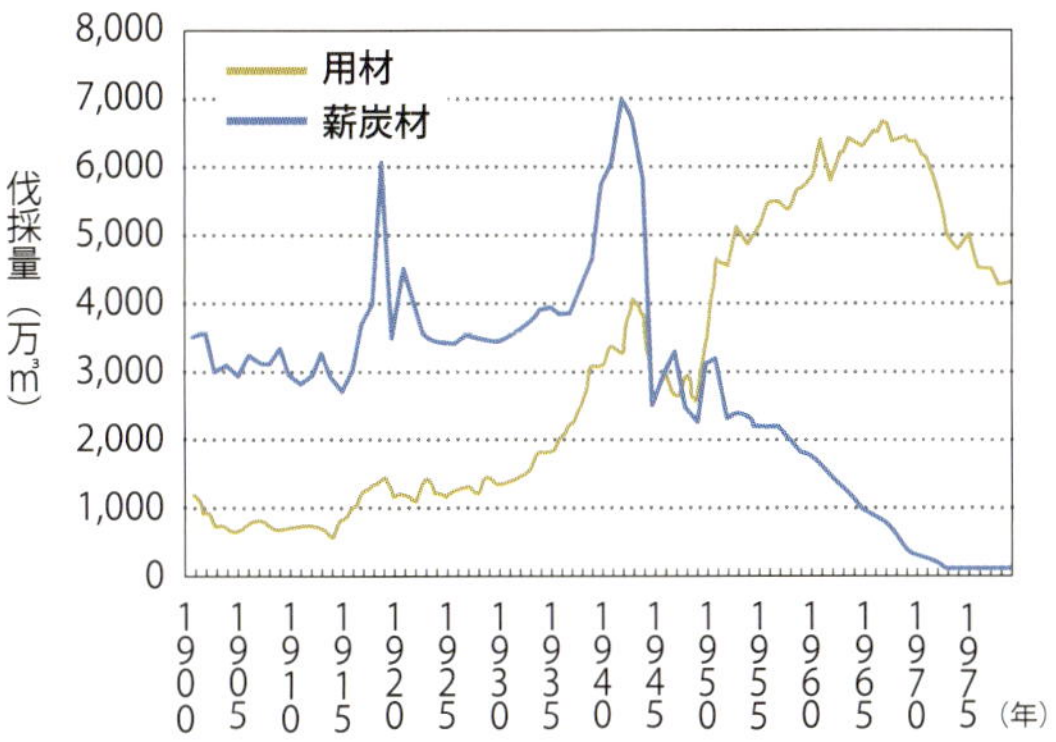

EUにおける再生可能エネルギーの消費構成（2008年）

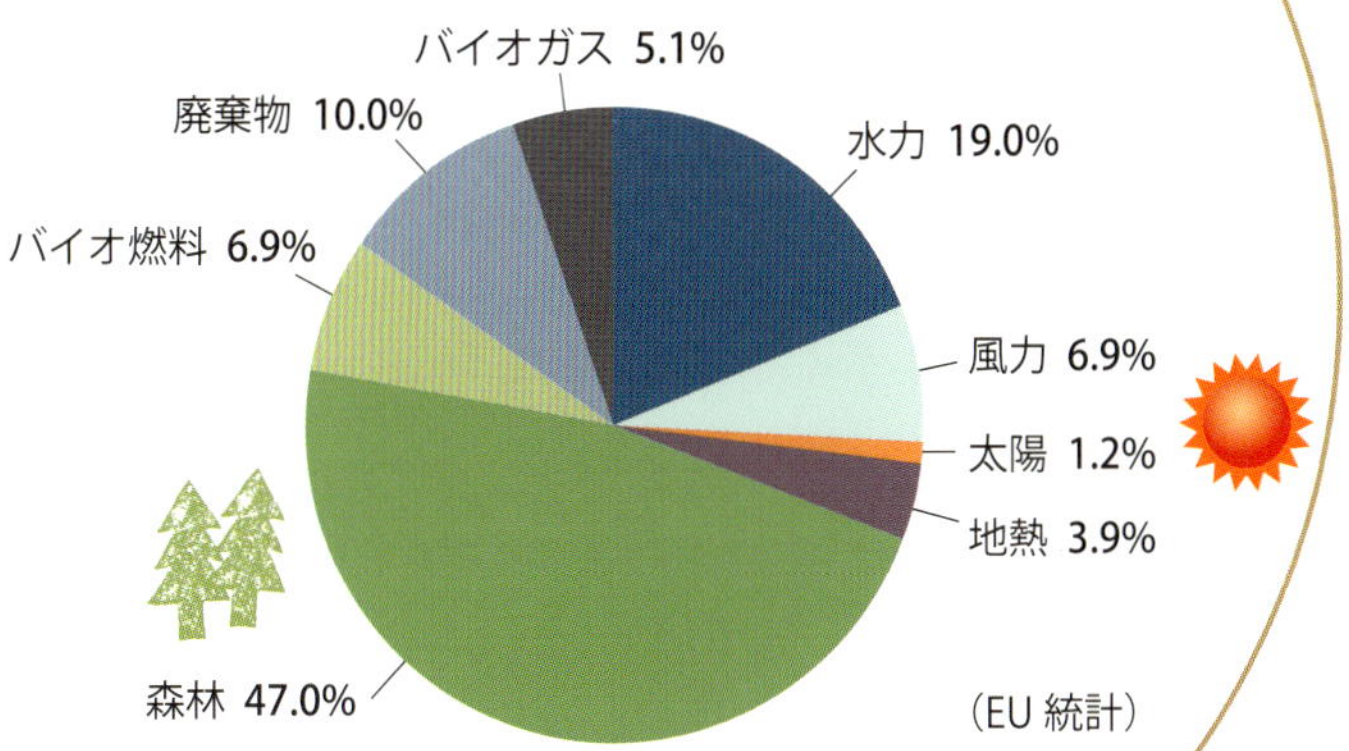

（EU統計）

日本のように国土の三分の二以上が森林で覆われている国は、先進国ではフィンランドとスウェーデンしかない。日本は世界でまれにみる森林大国だが、薪の利用状況は大きく異なる。人口当たりの薪生産量をみると、日本と同程度の森林面積率を誇るフィンランドとスウェーデンがトップに立つが、日本は見る影もない。日本はフィンランドの約一〇〇〇分の一、アメリカの一五〇分の一、韓国の五〇分の一の生産量しかない。これらの国はけっして途上国ではない。フィンランドやスウェーデン、オーストリアも、大きなバイオマスボイラーを使ったり、発電も行なっているが、その底辺を支えているのは今でも薪なのである。

日本ほど森林を有しながら、薪を利用しなくなった国はほかにない。薪というと、多くの日本人は過去の

先進国の人口当たり薪生産量
（FAO資料より作成）

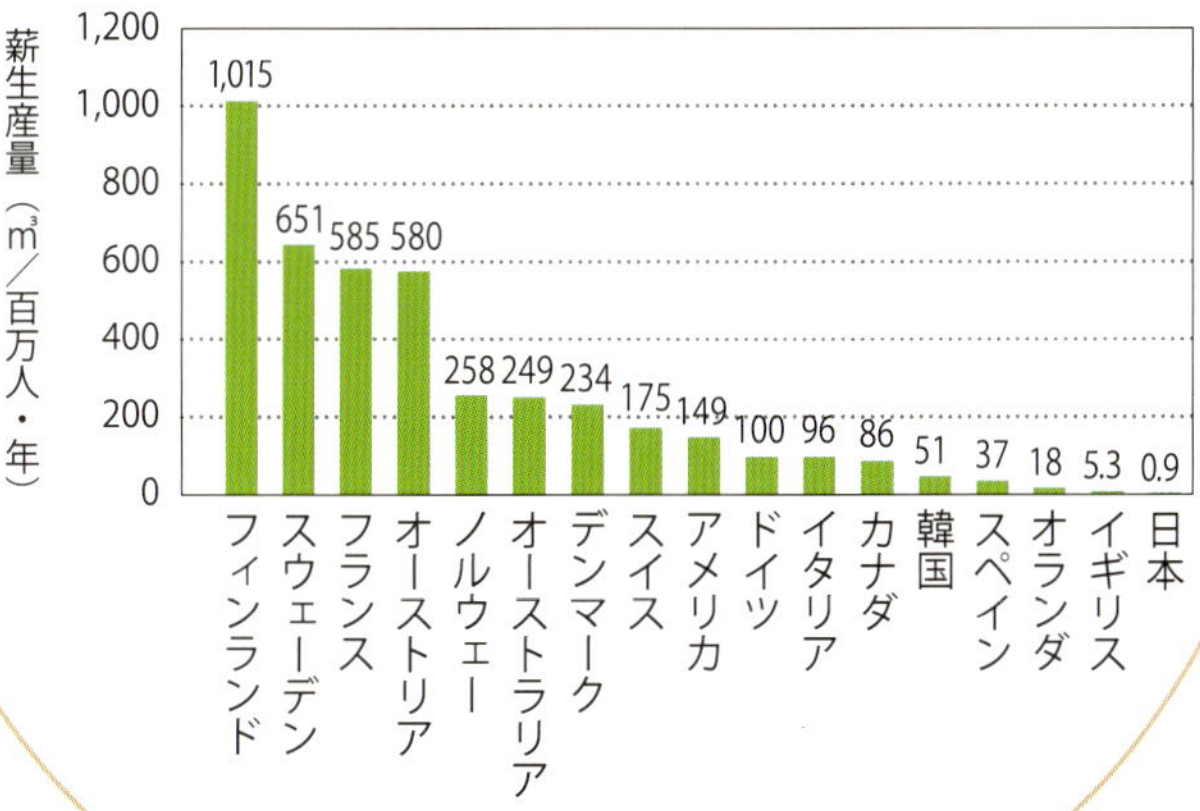

エネルギーというイメージを抱くであろう。しかし、薪ストーブはインテリアとして洗練されたものになっているだけでなく、効率も上がっている。また、欧州では薪ボイラーが普及しており、燃焼効率は高く、全館集中式の暖房、給湯が可能になっている。そして、木を自動供給可能な燃料にしたのがチップや、ペレットである。日本のメーカーでもペレットストーブは数多く開発され、数多くのペレット製造工場が誕生している。

日本の山は間伐不足が大きな問題になり、間伐も徐々に進められるようになった。しかし、間伐された木はほとんどが山に放置されている。薪や炭の木として重宝された里山のナラやブナなどの広葉樹も利用されることなく太り続け、そのことがナラ枯れと呼ばれる病虫被害も引き起こしている。こうした問題を解消していくためにも木をエネルギー利用していく意味は大きい。

森林のエネルギー利用はコミュニティづくりから

かつて山は地域の大事な財産であった。その財産をエネルギーとして使うために、地域の仕組みがつくられていた。しかし、日本は山のすみずみまでも、石油や電気が行きわたり、薪や炭は駆逐されていった。そして、身近にある貴重な資源よりも、大きな電力会社のエネルギーに信頼を寄せてしまう。それが山村地域の経済を弱体化させ、原発事故のようなリスクまで背負わせるようなものであることは知らされずに。やがて、日本中どこにいっても、使っているエネルギーは同じようになり、地方らしい風景が失われてきたように、地方ならではのエネルギー(「地エネ」)もまた忘れ去られていったのである。

ナラ枯れのために、紅葉しているように見えるコナラの森

森林資源のエネルギー利用は、熱を中心とした地域密着型のシステムを構築するのが本来望ましい姿である。バイオマスの熱利用で問題になるのは、薪やペレット、チップの生産者がいないと利用できないという話と、利用者がいないと生産ができないという話である。つまり卵が先かニワトリが先かの問題だ。森林のエネルギーを利用するには、森林を持っている人、木を伐採する人、伐採した木を燃料にする人、その燃料を販売する人、そしてその燃料を使う人、そうしたエネルギーの生産者と利用者がつながらなければならない。地域の中で需要と供給を結びつけていくことで、自立的な循環システムが生まれるのである。こうした地域のつながりをつくり上げていくのは骨の折れる仕事でもある。しかし、それこそが地域の力である。

新しい技術をつくることも重要だが、新しい地域の仕組みをつくることで森林のエネルギーは効率的に使うことができるのである。そうした地域のエネルギーシステムは、山林に関わる地域のさまざまな主体の参画と連携によるエネルギー・コミュニティづくりだともいえよう。電力会社や大きな会社にエネルギーを任せるのではなく、自分たちで地域のエネルギーシステムをつくる、森林のエネルギー利用は、まちづくりそのものなのである。

(東北芸術工科大学デザイン工学部准教授)

＊『季刊 地域』12号(二〇一三年冬号)「熱を電気でまかなうのは効率が悪い」

現代農業 特選シリーズ DVDでもっとわかる 7
最高！ 薪&ロケットストーブ

2014年10月20日 第1刷発行
2021年 3月15日 第3刷発行

編者 一般社団法人 農山漁村文化協会

発行所 一般社団法人 農山漁村文化協会
〒107-8668 東京都港区赤坂7丁目6-1
電話 03(3585)1142(営業) 03(3585)1146(編集)
FAX 03(3585)3668 振替 00120-3-144478
URL http://www.ruralnet.or.jp/

ISBN978-4-540-14170-6
〈検印廃止〉

DTP制作／㈱農文協プロダクション
印刷・製本／凸版印刷㈱
乱丁・落丁本はお取り替えいたします。